평평한 운동장은 없다

청소년을 위한 불평등 이야기

평평한 운동장은 없다

기울어진 평등을 향한 7가지 질문들

박재용 지음

우리가 만날
불평등한 사회

여러분은 장래 어떤 사람이 되겠다는 꿈을 가지고 있나요? 청소년을 대상으로 설문조사를 하면 장래 희망에 의사, 과학자, 경영인, 교사, 소프트웨어 개발자, 공무원, 운동선수, 크리에이터, 뷰티 디자이너, 성악가, 가수, 법률전문가, 요리사, 프로게이머, 배우, 모델 등 다양한 직업들이 나열됩니다. 사회적으로 존경받는 사람이 되고 싶은 경우도 있고, 경제적으로 안정적인 직업인 경우도 있고, 자신이 하고 싶은 일인 경우도 있겠죠.

하지만 실제 여러분이 만나게 될 미래에 위와 같은 직업을 가지고 일을 하면서 여러 어려움도 겪게 되고 후회하는 경우도 있지요. 예를 들어 의사가 되려면 의대를 가야 하는데, 워낙 경쟁이 치열해서 합격하기가 어려운 건 여러분도 다 아실 거예요. 의대에 합격한 뒤에도 대학을 6년 다니고 다시 인턴 즉 수련의 과정을 1년, 또 레지던트 즉 전문의 과정을 4년 거쳐야 합니다. 총 11년이 걸리죠. 그 뒤 개원을 하거나 병원에 취업을 하게 되면 소득은 다른 직종에 비해 높지만 그만큼 일하는 시간도 많고 또 일도 많이 힘들죠.

그리고 더 중요한 사실은 이렇게 많은 이들이 선망하는 직업에서 일하는 이들은 생각보다 아주 적다는 겁니다. 우리 중 대부분은 일반적으로 그리 규모가 크지 않은 회사에서 일을 하게 될 것이고, 그중 상당수는 공장에서 일하는 생산직 노동자가 될 거예요. 또 우리 중 일부는 사고나 질병으로 장애인이 될 것이고, 여성들은 30대 초중반에 결혼을 하고 아이를 낳으면서 다니던 회사를 그만두게 되는 경우도 절반에 가까울 겁니다. 우리 중 일부는 편의점이나 식당, 카페, 부동산 중개소 등의 가게를 운영하는 자영업자가 되는데 많은 자영업자들이 개업을 하고 1~3년 사이에 망해서 문을 닫게 됩니다. 그리고 1/3 정도는 비정규직에서 일을 하게 되지요.

누구나 명문대로 가길 원하지만

누구나 명문대를 갈 순 없습니다. 그래도 공부를 열심히 한 사람은 명문대를 갈 수 있다고 그래서 경쟁이 있지만 공정하다고 생각하죠. 하지만 실상은 그렇지 않습니다. 명문대의 절반 정도는 우리나라에서 소득이 가장 많은 20% 정도의 가정에서 보냅니다. 가장 인기가 좋다는 의대에 다니는 학생들의 부모 연소득은 평균 1억 원 정도가 됩니다. 명문대를 가는 가장 좋은 방법은 서울 강남의 고등학교에 다니거나 자사고, 과학고, 외고 등 특목고를 가는 것인데, 그런 고등학교를 다니는 학생들 70%는 상위 20%의 부자 부모가 있습니다.

누구나 좋은 직장을 다니길 원하지만

우리 중 45%는 비정규직이 됩니다. 그리고 나머지 정규직 중에서도 중소기업에 다니는 사람이 절반을 훨씬 넘습니다. 누구나 선망하는 대기업 정규 사무직이나 변호사, 교수, 의사 등과 같은 전문직은 우리 중 15% 정도만 가능합니다. 물론 이 또한 열심히 공부하고 노력하면 갈 수 있다고 그래서 경쟁이 치열하지만, 공정하다면 말이 달라지겠지요. 하지만 15% 안에 드는 이들 중 2/3는 우리나라 소득 상위 30% 안에 드는 부모의 자녀들입니다. 그리고 이들 중 2/3는 수도권, 그중에서도 서울과 서울 인근에 몰려 있습니다.

지금은 장애인 친구가 거의 없지만

여러분이 30대가 되면 백 명 중 한 명은 장애인이 됩니다. 50대가 되면 스무 명 중 한 명은 장애인이고, 65세 노인이 되면 다섯 명 중 한 명이 장애인이고, 75세 이상은 세 명 중 한 명이 장애인입니다. 장애는 대부분 후천적입니다. 선천적 장애는 대부분 지적 장애나 자폐스펙트럼 장애이고, 신체적 장애는 거의 사고나 질병의 후유증으로 생깁니다. 그리고 장애인이 있는 집은 그렇지 않은 집에 비해 소득은 적고 지출은 늘어나 저소득층이 됩니다. 그리고 40대 이후 장애가 생기는 경우도 저소득층이 고소득층에 비해 더 높습니다.

커서 나도 엄마가 될까

지금 사귀는 친구가 있어도 결혼은 아직 먼 이야기일 겁니다. 아이를 낳고 기르는 것은 더 먼 이야기겠죠. 하지만 여러분이 20대가 되면 결혼과 출산 육아는 곧 다가올 미래가 됩니다. 여성은 자신의 문제이기 때문에 더 고민이 깊어집니다. 결혼과 출산 육아는 인생에서 굉장히 중요한 문제이지만 여러분의 인생이 곧 결혼, 출산, 육아는 아닙니다. 내가 이루고 싶은 삶이 있고, 가지고 싶은 직업이 있고, 꿈꾸는 미래가 있죠. 하지만 여성에게 이 둘은 쉽게 양립하지 않습니다. 30대가 되면

80% 정도의 여성이 결혼을 하고, 그중 다시 80% 이상이 아이를 낳습니다. 그리고 전체 여성의 절반 정도가 육아 때문에 경력 단절을 겪게 됩니다. 20대 후반에서 30대 초반 남성과 소득에서 별 차이가 없던 여성은 40대 초반이 되면 평균 소득이 남성의 절반이 됩니다.

2050년 지구는 어떨까

기후 위기가 점점 더 심각해집니다. 기후 위기를 만든 사람들은 저를 비롯한 어른들이지만, 기후 위기 시대를 살아갈 사람은 여러분들입니다. 다들 2050년까지 온실가스 순 배출량을 0으로 만들어야 한다고 이야기하지요. 2050년까지 남은 20여 년은 인류가 어떤 미래를 펼칠 수 있을지를 결정하는 가장 중요한 시기이기도 합니다. 이 시기 여러분은 성인이 되고, 직업을 가지고, 우리나라의 청년으로 살아갈 때이기도 합니다. 그 시기 닥칠지 모르는 폭우와 폭염, 기상이변, 해수면 상승, 기후난민 급증, 식량난과 같은 고통을 어떻게 하면 조금이라도 덜 겪을 수 있을지는 여러분의 몫이면서 동시에 더 많게는 어른들의 몫이기도 합니다. 그런데 기후 위기의 책임에서도 기후 위기의 피해에서도 기후 위기를 극복하는 과정에서도 우리는 불평등과 마주칠 수밖에 없습니다.

어떤 세상을 준비할까

우리가 바라는 세상은 더 많은 사람이 명문대를 진학하는 미래가 아니라 명문대를 가지 않아도 충분한 미래입니다. 더 많은 사람이 대기업 사무직이 되는 세상이 아니라 비정규직도, 중소기업도, 생산직도 모두 저마다 보람을 가지며 행복할 수 있는 미래를 그리고 싶습니다. 여성이라서, 장애인이라서, 성소수자라서, 외국인이라서 차별받는 사회가 아니라, 다양성으로 더 풍부해지는 사회가 되었으면 합니다. 기후 위기를 극복하고 그 과정에서 더 평등해지는 세상이 만들어지는 모습을 보고 싶습니다. 아직은 어른들의 몫이 더 많다고 할지라도, 여러분이 살아갈 미래를 여러분 스스로 고민하고 토론하며, 만들어 나가는 데 이 책이 조그마한 기여라도 되었으면 합니다. 그러기 위해선 현재의 불평등을 바로 바라볼 필요가 있습니다.

이 책을 통해 현재의 대한민국이 만든 불평등을 마주 보며 이를 극복하기 위해 어떻게 하면 좋을지에 대한 여러분의 고민과 토론이 이어졌으면 합니다.

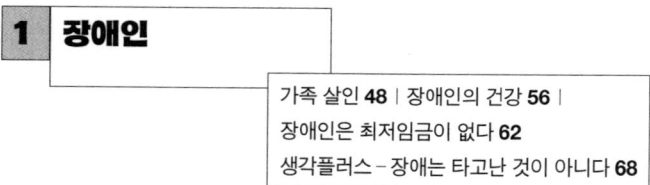
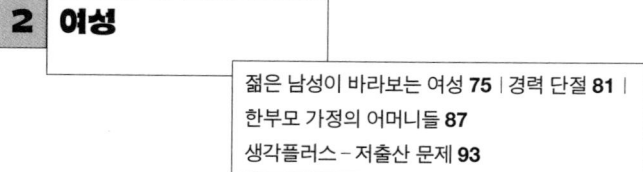

2

노동에 대해

노동에 대한 이야기를 1로 시작하지 않고 0으로 시작하는 것은 노동이 뒤에 다룰 여성이나 노동, 소득 불평등 등에서 할 이야기의 기본 토대가 되기 때문입니다. 인류가 문명을 이룬 이래로 대부분의 사람은 자신의 노동을 통해 삶을 일구고 있습니다. 그런데 이 노동의 성격이 예전과 지금이 사뭇 다릅니다. 옛날에는 주로 농사를 지으며 자급자족을 하며 살았습니다. 생활에 필요한 대부분의 물품은 농사를 짓고, 채집과 사냥, 낚시 등으로 확보했고 직접 만들어 썼죠.

하지만 지금은 자기에게 필요한 물건 대부분을 돈을 주고 삽니다. 직접 만드는 것이 오히려 예외적이고, 직접 만들더라도 그 재료는 또 돈을 주고 사죠. 그리고 이 돈을 확보하기 위해 대부분의 사람은 노동을 합니다. 그리고 이 노동은 이제 자신에게 필요한 것을 만드는 일이 더 이상 아니죠. 타인에게

필요한 물건을 만들거나 서비스를 제공함으로써 돈을 확보하고, 이 돈으로 생활에 필요한 물품을 구매합니다. 그래서 현대 사회에서 '돈'을 벌기 위한 노동은 생활의 기본이 되죠. 그리고 이 노동을 하는 곳은 자신의 집이 아니라 다른 사람이 소유한 기업인 경우가 대부분입니다. 그래서 현대 사회를 자본을 소유한 기업과, 그 자본과 계약을 통해 노동을 제공하고 대가로 돈을 받는 노동자라는 둘로 구성되어 있어 자본주의 사회라 합니다.

그래서 현대 사회에선 사용자와 노동자 사이의 노사 대립이 가장 기본적인 갈등 중 하나입니다. 사용자는 되도록 적은 임금을 주고 싶고, 노동자는 더 많은 임금을 받고 싶죠. 또 사용자는 노동자를 필요할 때만 고용하고 싶고, 노동자는 안정적인 고용상태를 유지하고 싶어 합니다. 이런 둘 사이의 이해관계가 노사 대립으로 나타나지요.

그리고 노동을 통해 돈을 벌어야 생활이 가능하다 보니 노동이 불가능할 경우 극도로 빈곤하게 됩니다. 장애인이 가장 대표적인 예입니다. 중증 장애인은 비장애인처럼 노동하기가 힘들죠. 또 노인도 그러합니다. 나이가 들수록 노동력을 제공하기가 힘들죠. 그 외에도 여러 이유로 대가를 받는 노동을 할 수 없는 경우 빈곤의 나락으로 떨어집니다.

또 하나, 임금을 받지 않는 즉 대가가 없는 노동에 대한 문제도 있습니다. 대표적인 것이 살림입니다. 밥을 하고, 설거지를 하고, 청소를 하고, 아이를 키우는 등의 노동은 누구도 대가를 지불하지 않고 있습니다. 하지만 누군가는 해야 할 노동이고 주로 어머니가 맡고 있죠. 이런 일을 하기 위해 어머니들은 대가를 받는 노동을 포기하게 됩니다. 이런 노동의 문제에 대해 살펴보도록 하지요.

최저임금제는
왜 있을까요?

아는 분의 부탁으로 잠깐 일을 도와준 경험 말고 편의점이나 음식점 혹은 가게에서 정식으로 고용계약을 맺고 아르바이트를 해본 경험이 있나요? 혹시 있다면 시급으로 계산해서 일한 시간만큼 임금을 받았겠지요. 그 시급은 일이 어려우니 좀 많이 받고, 일이 쉬우니 좀 적게 받고 이런 것이 아니라 대부분 그 당시의 최저임금에 딱 맞춰서 정해졌을 거예요. 최저임금은 매년 최저임금위원회가 정합니다. 최저임금위원회는 공익위원과 사용자위원, 노동자위원으로 구성되죠. 최저임금이 정해지면 아주 특별한 경우, 예를 들어 정신 장애나 신체 장애로 근로능력이 현저히 낮은 장애인이 아니면 누구든 최소한 최저임금만큼의 임금을 받을 수 있고, 고용주가 이보다 적게 지급한 경우에는 법을 어긴 것이 되어 처벌을 받습니다.

그런데 법으로 정해진 최저임금이 오히려 문제가 있다고 주장하는 이들이 있습니다. 이들의 첫 번째 주장은 노동력도 사는 이와 파는 이가 있는 일종의 상품인데 왜 정부가 나서서 최저임금 이하로는 팔 수 없게 정하냐는 것이죠. 실제 대부분의 상품은 정부와 무관하게 가격이 결정됩니다. 가령 초코칩 쿠기의 경우 국내의 여러 회사가 비슷한 종류의 제품을 내놓습니다. 만약 A라는 회사 제품이 다른 회사에 비해 더 비싸다면 사는 이들은 그 회사 말고 다른 회사 제품을 사겠죠. 또 우리나라 제품에 비해 더 싼 외국 초코칩 쿠키를 수입해서 파는 곳도 생깁니다.

요사이 온라인 쇼핑몰에서 초코칩으로 검색하면 엄

청 많은 종류가 나오니 그중 가격도 싸고 맛도 있는 제품을 선택하면 될 일입니다. 그러니 노동력도 마찬가지라는 거죠. 노동력을 팔려는 사람은 더 비싸게 사려는 고용주와 일을 하려 들 것이고, 고용주는 마찬가지로 더 싸게 노동력을 팔려는 사람과 일을 하려 할 터이니 그 과정에서 노동력에 대한 적정한 가격이 매겨질 거라는 겁니다.

하지만 이 주장에는 몇 가지 문제가 있습니다. 노동력이 아니라도 정부가 가격을 통제하는 상품은 꽤 많습니다. 대표적인 것으로 전기요금이 있습니다. 개인이나 기업에 전기를 파는 회사는 우리나라에 한국전력 한 곳뿐입니다. 한국전력이 전기요금을 정하죠. 하지만 한국전력은 공기업으로 실제로는 정부가 정책적으로 요금을 정합니다. 첫 번째 이유는 한국전력이 독점기업이기 때문입니다. 우리나라 누구도 전기를 쓰지 않는 사람은 없습니다.

한국전력이 요금을 두 배로 올린다고 해도 전기를

살 다른 회사가 없습니다. 이렇게 어떤 상품을 한 회사나 2~3개의 회사가 독점하게 되면 앞서 이야기한 시장의 논리가 통하질 않습니다. 그러니 시장이 제 기능을 할 수가 없지요. 따라서 독점 기업이 공급하는 상품의 경우 일정하게 규제를 하는 것이 오히려 모두의 이익을 위해서 좋습니다. 물론 상품을 공급하는 기업이 적자를 보게 할 순 없으니 적정한 이윤을 보장하는 수준에서 결정하지요.

하지만 전기요금을 정부가 규제하는 더 중요한 이유는 전기가 필수품이기 때문입니다. 우리 중 누구도 전기를 사용하지 않고 살 순 없습니다. TV 프로그램에 나오는 자연인도 전기는 사용하지요. 이런 필수품의 경우 사용하지 않을 자유가 없고 대체품도 없습니다. 가격을 올려도 쓸 수밖에 없지요. 이런 전기요금을 올려버리면 가난한 사람들이 가장 먼저 타격을 입게 됩니다. 여러분이 열 정거장 거리에 있는 학교로 매일 버스를 타고 간다고 가정해보죠. 그런데 갑자기 버스 회사가 요금을 1,500원으로 올리면 어떻게 될까요? 하루에 3,000원, 한 달에 최소한 20일을 학교에 가니 6만 원이 버스요금으로 나갑니다. 여러분이 용돈을 20만 원 정도 받는다면 그래도 괜찮습니다. 하지만 여러분이 버스 요금을 포함해서 한 달에 8만 원의 용돈을 받는다면 겨우 2만 원만 가지고 살아야 합니다. 그렇다고 버스를 타지 않을 수도 없고 학교를 가지 않을 수도 없습니다. 전기나 수도, 가스, 대중교통 등은 누구나 필수적으로 써야 하는데 무작정 올리면 가난한 사람들의 생활에 큰 위협이 되기 때문에 통제를 하는 것이지요.

이는 노동에서도 마찬가지입니다. 언뜻 보면 노동 시장은 사려는 사람(고용주)도 많고 팔려는 사람(노동자)도 많으니 독점 시장이 아니라고 여길 수 있습니다. 하지만 노동 시장은 기울어진 운동장입니다. 노동자보다 고용주가 훨씬 유리하지요. 만약 최저임금법이 없다면 고용주는 시급 10,030원* 대신 8,000원만 주겠다

---

* 2025년 최저임금은 시간당 10,030원입니다.

고 해도 됩니다. 누군가 당장 먹을 쌀이 떨어진 사람이 8,000원에라도 일하겠다고 하면 그를 고용하면 되니까요. 하지만 노동자는 노동력을 팔아 임금을 받아야 생활이 가능합니다. 8,000원에라도 일을 하겠다는 사람이 있을 수밖에 없습니다. 그런데 누군가 한 명이 8,000원에 일을 하면 노동력을 팔려는 사람들 사이에 경쟁이 일어나게 됩니다. 처음에는 난 9,000원은 받아야 한다고 생각하던 사람도 다른 이들이 8,000원에 일을 하면 자신이 일할 자리가 없어지니 울며 겨자 먹기로 일을 할 수밖에요. 특히 이런 일은 특별한 기능이 필요 없는 경우에 더 많이 발생하게 됩니다. 특별한 자격이나 기술이 있어야 하는 자리는 그런 일을 할 수 있는 이들이 몇 명 없으니 고용주 입장에서도 맘대로 임금을 낮출 수 없지만, 누구든 하루 이틀 훈련하면 익숙해지는 일은 그렇지 않지요.

또 하나, 노동자에게는 노동력을 파는 것 이외에는 소득을 올릴 방법이 없습니다. 그런데 최저임금법이 없다면 한 달 뼈 빠지게 일해도 먹고살기 힘든 저임금에 시달리는 사람들이 나올 수밖에 없습니다. 실제로 최저임금법이 없던 19세기 영국에서는 임금이 너무 싸서 부모님이 버는 돈으로는 생활이 되질 않아 아이들까지 탄광이며 공장에서 일을 하기도 했습니다. 우리나라에서도 최저임금법이 제정되기 전인 1970년대 1980년대에는 생활이 힘들 정도의 임금만 받는 경우가 많았고요. 그러니 시민들에게 최소한의 삶을 보장하기 위해서라도 이 정도는 받아야 생활이 가능하다는 최저임금 선을 정하는 것이 필수적입니다.

커지는
노동 불평등

    우리들 대부분은 기업이나 개인에게 고용되어 일을 하고 임금을 받는 노동자가 됩니다. 현재 돈을 버는 이들 네 명 중 세 명은 기업이나 개인에게 고용되어 임금을 받는 임금노동자이고, 네 명 중 한 명은 스스로 가게를 차린 자영업자입니다. 앞으로도 이 정도 규모에서 큰 변화는 없을 것이고요. 그리고 20대나 30대부터 자영업을 하는 이들은 별로 없습니다. 대부분 임금노동자로 일을 하다가 돈을 모아서 혹은 더 이상 임금노동을 할 수 없어서 자영업을 하죠. 따라서 우리들은 첫 사회 생활을 노동자로 하게 됩니다. 그래서 더 좋은 일자리 혹은 직업을 갖고 싶어하는 것이기도 하겠죠.

어른들이 이야기하는 그리고 우리가 선망하는 좋은 일자리는 크게 세 가지입니다. 하나는 일정한 자격을 갖추어야 하는 전문직종이죠. 의사나 치과의사, 한의사, 간호사 등 의료 관련 직업, 변호사, 검사, 판사 등 법률 관련 직업, 변리사, 공인중계사, 5급공무원 자격시험 정도로 볼 수 있는 고등고시를 통과한 이들, 대학교수 등이 대표적입니다. 시험이 어렵고 통과자격이 까다로워서 일단 일을 하기 시작하면 소득도 높고 안정적입니다.

두 번째로는 소득은 그만큼 많지 않지만 안정적인 일자리와 꽤 괜찮은 소득이 있고 사회적으로 인정받는 교사, 공무원 등이 있습니다.

세 번째로는 소득이 꽤 높으면서 일자리도 상대적으로 안정적인 대기업 사무노동자가 있지요. 물론 이 외에도 프로운동선수나 인플루언서, 연예인 등도 선망받는 직업이긴 하지만 별도의 집단으로 분류할 정도로 그

수가 많지 않습니다. 실제로 저 세 분류 중 가장 많은 건 대기업 사무직 노동자들이지요.

이들은 우리나라 임금노동자의 약 15% 정도를 차지합니다. 그럼 나머지 85%는 어떤 곳에서 일을 하는 걸까요? 우선 대기업보다 중소기업이 훨씬 더 많은 노동자를 고용합니다. 중소기업은 말 그대로 한 회사가 고용하는 사람은 적지만 회사 수가 훨씬, 훨씬 더 많기 때문이지요. 대략 중소기업이 전체 노동자 중 90% 정도, 대기업이 10% 정도를 고용합니다.* 그러니 대기업 사무직 노동자와 전문직 종사자, 교사, 공무원 등을 합쳐도 전체 노동자의 15% 수준밖에 되지 않는 거지요. 그래서 우리 중 다수는 중소기업에서 일하게 됩니다.

---

* 중소기업과 대기업의 기준은 여러 가지가 있을 수 있지만 보통 고용인원 300인을 기준으로 합니다. 물론 매출액 기준도 있고, 공시대상 기업집단(흔히 ○○그룹이라고 이야기하는)에 속하는지 아닌지 등도 따집니다.

그리고 그중에서도 중소기업 사무직 정규노동자는 나머지 85% 중 절반도 되질 않습니다. 여러분 중 70% 정도는 대학을 졸업하게 됩니다만 그중 전문대나 지방의 이공계열 대학을 나오는 경우 생산직 노동자나 서비스직 노동자가 되는 경우가 더 많습니다. 그리고 대학을 졸업하지 않은 나머지 30% 또한 마찬가지로 생산직 노동자나 서비스직 노동자가 되는 경우가 압도적으로 많지요.

사무직이든 생산직이든 아니면 서비스직이든 모두 존엄한 노동을 하는 사람들입니다. 사회적으로 보아도 모두 가치 있는 일이고, 개인으로 보더라도 자신의 삶을 유지하는 소중한 노동이지요. 또한 대기업에 근무하든 중소기업에 근무하든 그 노동의 가치에 차이가 있을 수 없지요. 또한 정규직이냐 비정규직이냐가 그 노동의 질을 평가하는 기준이 될 수도 없습니다. 하지만 사람들은 생산직이나 서비스직보다 사무직을, 또 사무직보다는 전문직을 선호하고, 중소기업보다 대기업을, 비정규직보다 정규직을 선호합니다. 이는 아주 옛날부터 이어져 오던 관습에도 영향을 받지만, 그보다 더 중요하게는 그 차이에 의해 삶의 질이 크게 영향을 받기 때문입니다.

　대기업에 다니는 사람은 중소기업에 다니는 사람에 비해 취업하는 첫 해부터 소득이 1.5배 정도 높고, 20년 정도 지나면 거의 2배 이상 높습니다. 돈이 모든 것은 아니지만 소득이 상당부분 삶의 질을 결정하는 중요한 요소가 되는 것은 맞습니다. 특히 저소득층에 대한 사회 안전망이 제대로 갖춰지지 않은 경우에는 더 심각한 문제가 되지요.

　또한 사무직은 시간이 지나면 그리고 자신이 열심히 하면 계속 승진해서 경영자나 임원이 되는 꿈을 꿀 수 있지만, 서비스직이나 생산직의 경우는 10년이 지나도 20년이 지나도 그런 성장의 기회를 얻기가 대단히 힘들죠. 정규직에 비해 비정규직은 같은 일을 해도 소득이 70%에서 절반 정도밖에 되지 않을뿐더러 직업의 안정성 면에서도 큰 차이가 있습니다. 더구나 비정규직은 아무리 일을 해도 경력을 인정받지 못하니 소득이 증가하는 폭이 정규직에 비해 적습니다.

그래서 20대 말이나 30대 초에도 사무직과 생산직에서, 대기업과 중소기업에서, 정규직과 비정규직에서 소득에 차이가 나는데 시간이 지날수록, 나이가 들수록 이 간격이 좁혀지기는커녕 점점 더 벌어지게 되죠. 그런데 20세기에 비해 21세기 대한민국은 이런 노동을 통한 소득과 노동 안정성의 양극화가 점점 심해지고 있습니다. 차이가 더 커진 거죠. 이런 노동의 불평등이 21세기 대한민국을 선진국이지만 선진국 중에서 유독 불평등한 나라로 만든 근본적 원인 중 하나입니다.

비정규직에 대해

　비정규직이란 말을 들어본 적이 있을 겁니다. 우리 나라에서 임금을 받는 노동자 중 40% 조금 넘는 이들이 비정규직입니다. 정규직은 60%가 조금 되지 않지요. 흔히 비정규직이라고 하면 떠오르는 단어는 차별, 낮은 임금, 불안정함 등이 대표적입니다. 사전적 정의에 의한 비정규직과 정규직의 차이는 계약기간에 있습니다. 정규직은 계약기간 자체가 아예 없습니다. 반면 비정규직은 정해진 계약기간이 있지요. 이게 무슨 큰 차이냐고 생각하기 쉽지만 실제로는 엄청난 차이를 낳습니다.

정규직은 계약기간이 없으므로 두 가지 경우가 아니면 계속 그 회사에서 근무할 수 있습니다. 첫 번째 경우는 해고를 당할 만한 큰 잘못을 저질렀을 때입니다. 회사에 큰 피해를 입히거나, 고의로 회사의 중요한 규칙을 어기는 것이 여기에 해당합니다. 이런 경우도 그 잘못을 회사가 입증해야 가능하지요. 두 번째 경우는 회사가 큰 어려움에 처해 명예퇴직 등 정리해고가 필요할 때입니다. 이 경우 또한 회사가 그 상황을 입증해야 하고, 퇴직하는 노동자에게 그에 대한 대가를 지급해야 합니다. 그러니 정규직 노동자는 성실하게 일을 하기만 하면 은퇴할 때까지 계속 일을 할 수 있는 안정성이 보장됩니다. 반면 비정규직은 계약 기간이 있으므로 그 기간이 끝나 회사가 재계약을 하지 않으면 자동으로 퇴직할 수밖에 없습니다. 실제로는 정규직 또한 여러 조건에 따라 고용이 불안정하긴 하지만 그래도 비정규직에 비하면 훨씬 안정적이지요.

회사 입장에서는 마음대로 해고할 수 없는 정규직

보다 비정규직이 인력 관리 측면에서 더 편합니다. 또한 비정규직은 고용 상황이 불안정하다 보니 회사의 여러 요구나 조건에 대해 반발을 하기 힘들죠. 더구나 노동조합을 만들고 이를 통해 기업에 대응하기도 힘듭니다. 그래서 더 낮은 임금을 받는데도 이를 거부하기 힘드니 비정규직 임금이 정규직에 비해 더 낮은 실정이기도 합니다. 이러니 회사로선 비정규직을 선호할 수밖에 없죠. 그런데 노동자 입장에서는 이렇게 불리한 비정규직을 받아들이기 힘들죠. 그럼에도 불구하고 노동자의 절반 가까이가 비정규직인 이유는 무엇일까요?

우선 이론적으로 비정규직은 노동자의 필요와 사용자의 필요 모두에 의해 존재합니다. 가령 학교 선생님 중에 한 분이 임신을 했습니다. 이제 곧 출산이니 학교에 나올 수가 없습니다. 출산 후에도 육아를 위해 대략 1년 가까이 학교를 쉬어야 하죠. 이런 경우 학교는 출산 및 육아 휴가를 간 선생님 대신 업무를 맡아줄 기간제 교사 선생님과 계약을 하죠. 기간제 선생님은 정해진 기간만큼만 일을 하게 됩니다. 이렇게 일정한 기간을 일하기로 계약한 경우를 계약직 노동이라고 합니다.

동네 음식점에도 비정규직 노동이 있습니다. 음식점은 아무래도 점심 2~3시간과 저녁 3~4시간이 바쁩니다. 기존 노동자만으로는 감당하기 힘들 경우가 많지요. 이럴 때 점심 2~3시간과 저녁 3~4시간만 일할 노동자를 구하게 됩니다. 이런 경우를 파트타임 노동이라고 합니다. 일주일에 5일, 하루 8시간 근무를 하는 경우는 전일제 노동이라고 하지요.

이 외에도 근로 계약 관계가 모호한 경우도 있습니다. 가령 시멘트회사에서 시멘트를 받아서 건설현장에 가져다주는 레미콘 트럭 운전사의 경우 중간에 시멘트회사와 계약한 운송회사와 다시 계약을 합니다. 그리고 계약에 맞춰서 일을 하죠. 이런 경우 레미콘 트럭 운전사는 개인사업자 등록을 한 자영업자지만, 실제로는 운송회사와 계약관계에 종속되어 있는 노동자라고 볼 수 있습니다. 오토바이 배달 노동자도 비슷합니다. 이들은 개인사업자지만 배달의 민족이나 쿠팡 이츠라는 플랫폼회사를 통해 주문을 받습니다. 배달의 민족이나 쿠팡 이츠가 배달료를 책정하고, 일정한 규칙도 만드는데 이를 따르지 않으면 불이익을 당하게 되지요.

물론 노동자의 필요에 의한 부분도 있습니다. 교사 자격증을 가지고 있지만 평생 교사일을 할 수 있을지 확신이 서지 않아 일정 기간 동안 기간제로 일을 한다든가, 대학원 진학이나 해외 유학을 위해 일정 기간만 일하고 싶은 사람도 있겠죠. 또 아이를 키우면서 할 수 있는 일을 찾다 보니 낮에 몇 시간 정도만 일하고 싶을 수도 있습니다.

그리고 프리랜서로 자유롭게 일하고 싶은 사람들도 있지요. 가령 이 책을 만드는 과정에서 편집을 담당하는 이도 있고, 표지 디자인을 담당하는 이도 있습니다. 책 내부의 일러스트레이션을 담당하는 이들도 있지요. 이런 분들 중 일부는 프리랜서로 일을 합니다. 한 출판사에 얽매이지 않는다는 장점도 있고, 자신이 일을 하고 싶을 때, 또 일을 할 수 있을 때만 일한다는 장점도 있지요. 이렇게 비정규직이라고 모두 나쁜 것만은 아닙니다.

하지만 실상황은 전혀 그렇지 않지요. 일부 전문직 프리랜서를 제외하면 비정규직은 정규직에 비해 불리한 조건으로 노동을 제공합니다. 앞서 이야기한 것처럼 고용이 불안정한 상황에서 아무래도 노동자의 입장이 불리하기 때문이지요. 이런 점을 악용해서 정규직을 고용해도 충분한 상황에서 비정규직을 고용하기도 합니다. 가령 자동차 공장의 같은 조립라인에서 일하는데도 누구는 정규직이고 누구는 비정규직인 상황이 있습니다. 같은 일을 하는데 임금도 70% 수준도 되지 않고, 항상 언제 해고당할지 모른다는 불안이 있지요. 그래서 비정규직들이 노동조합을 만들고, 소송을 해서 승소를 하기도 했습니다.

이런 문제를 해결하기 위해서는 비정규직이 안심하

고 일할 수 있는 조건을 만들고 기업이 부당한 조건을
강요할 수 없게 만들어야 합니다.

노동과
노동조합

　우리는 누구나 자기가 하고 싶은 일을 하고 사는 미래를 꿈꿉니다. 하지만 현실적으로 우리 중 다수는 부모님들이 별로 선호하지 않는 일을 하며 살게 되겠지요. 자기 사업을 하는 이들도 있겠지만 우리 대부분은 노동을 하고 그 대가로 기업이나 다른 사람으로부터 임금을 받는 노동자가 됩니다. 그리고 미래의 노동자 중 80% 이상은 대기업이 아닌 중소기업이나 개인 회사에서 일을 하게 되고, 그중 절반 가까이는 비정규직이 됩니다.

드라마에 등장하는 주인공은 흔히 기획실에서 제품과 서비스를 기획하는 모습이거나 검사나 언론사 기자, 변호사 혹은 사장이지만, 우리의 현실은 다릅니다. 미래의 우리는 공장에서 물건을 만드는 생산직 노동자, 빌딩이나 아파트, 주택을 짓는 건설노동자, 상점에서 물건을 팔거나 아니면 보험을 파는 서비스직 노동자, 혹은 어린이집에서 유아를 가르치거나 음식점 주방에서, 자동차 정비소에서 일을 할 수도 있고 트럭이나 오토바이를 타고 물건을 배달할 가능성이 높습니다.

그런데 제가 나열한 이런 직업은 왜 많은 이들의 외면을 받는 걸까요? 교과서에선 직업에 귀천이 없다고 하는데 왜 현실은 다를까요? 물론 유교적 전통이 남아 있어 사무직이 생산직보다 낫다고 생각하는 경향도 있고, 힘든 일을 기피하는 이유도 있습니다. 하지만 더 중요하게는 노동의 대가가 차별적이기 때문이죠. 사무직은 자신의 능력에 따라 승진하고 때에 따라서는 경영자가 될 수 있지만, 생산직은 아주 잘 올라가야 공장장이죠. 또 정규직은 그 경력을 인정받지만 비정규직은 경력을 인정받지 못하는 경우가 허다합니다. 하지만 사무직은 생산직보다, 정규직은 비정규직보다 더 많은 임금을 받습니다. 또한 같은 곳에서 일을 하더라도 대우가 다릅니다.

만약 비정규직이라도 함부로 해고할 수 없고, 적정한 임금이 노동의 대가로 주어진다면, 사무직과 생산직의 차이가 줄어든다면 지금과 같은 직업의 귀천에 대한 인식은 많이 줄어들 겁니다. 이를 위해서 가장 필요한 것이 노동자들이 노동조합을 중심으로 뭉치는 것이죠. 노동자들이 노동조합을 중심으로 단결하여 단체 교섭을 하고 이를 들어주지 않을 때 단체 행동에 나서면 사용자도 노동자들을 차별하고 함부로 대할 수 없습니다.

하지만 우리나라의 경우 노동조합 조직률이 아직 14% 수준에 머물러 있습니다. 그중에서도 중소기업이 대기업보다 조직률이 낮고, 비정규직이 정규직보다 낮지요. 비정규직은 조직률이 3%가 되질 않습니다. 이런 상황이 비정규직이 정규직에 비해 더 임금수준도 낮고 노동 환경도 열악하게 만들지요.

그렇다면 여러분이 생각하기에 노동조합이 더 많이 만들어지고 활발하게 활동하기 위해선 무엇이 필요할까요?

1
장애인

　　오전 8시 회사에 가려고, 학교에 가려고 모여
든 이들로 지하철역은 항상 붐빕니다. 왕십리역
은 2호선과 5호선, 경의중앙선, 수인분당선, ITX
등이 모두 서는 역으로, 환승하려는 이들로 발 디
딜 틈이 없을 지경입니다. 그런데 오늘은 유독 더
심합니다. 승차장으로 내려가는 계단에도 사람들
이 빽빽하게 모여선 내려가지도 않고 그저 서 있
습니다. 역 구내 방송에선 연신 안내방송이 나오
고 있습니다.

　　"전국장애인차별철폐연대의 불법 지하철 시
위로 인해 운행이 지연되고 있습니다. 바쁘신 고
객님은 다른 교통수단을 이용하시기 바랍니다.
전국장애인차별철폐연대의 불법 지하철 시위
로…"

　　지하철이 오질 않으니 승차장은 기다리는 사
람으로 꽉 찼고, 승차장이 이미 차 있으니 계단참

의 사람들도 그저 서 있을 뿐입니다. 어떤 이들은 지하철을 포기하고 다시 역을 빠져나가려는데 사람들이 워낙 빽빽하게 서 있으니 그조차 힘듭니다. 자연스레 시위를 하는 장애인에 대한 불만이 차오릅니다. 하필 이렇게 사람들이 바쁠 때 시위를 하는 거지? 하지만 여기서 잠깐 생각을 바꿔보죠.

바쁜 아침 버스를 놓치지 않으려고 줄달음쳐 본 일이 있죠? 지하철이 들어오는 소릴 듣고는 에스컬레이터 대신 계단을 열심히 뛰어내려간 일도 있을 겁니다. 이번 버스를 이번 지하철을 놓치면 지각이 분명하니 어쩔 수가 없었죠. 그런데 장애인들은 이런 일이 불가능합니다. 전동휠체어를 타는 장애인은 저상버스가 아니면 버스를 탈수가 없습니다. 하지만 저상버스를 타려면 두세대의 버스를 그냥 보내야 합니다. 그 저상버스를 타러 집에서 나와 버스 정류장으로 가는 길도 쉽

지 않습니다. 인도로 가자니 걷는 이들에게 불편을 주고, 이면도로로 가자니 앞뒤로 다니는 자동차로 위험합니다. 지하철을 타러 가서도 마찬가지입니다. 서울의 경우 대부분의 지하철역에 엘리베이터가 설치되어 있지만 모든 출입구에 있는 건 아니죠. 엘리베이터를 타려면 횡단보도를 한두 군데 지나야 합니다. 지방은 더 심하죠. 저상버스가 아예 없는 곳이 더 많습니다. 버스를 탈 방법이 없으니 장애인 콜택시를 부르는데 한번 부르면 두세 시간 기다리는 건 보통입니다.

장애인이니 어쩔 수 없는 것 아니냐고 생각할 수도 있습니다. 하지만 이는 어쩔 수 없는 것이 아니라 사회가 그리고 교통체계가 비장애인을 중심으로 구성되어 있기 때문입니다. 영어를 쓰는 이들은 우리나라에서 관광을 하기가 쉽습니다. 대부분의 지명과 교통 시스템에 영어가 명기되어

있죠. 하지만 비영어권 사람이라면 여간 불편한
것이 아닙니다. 그래도 이건 관광이니 그렇다치
지만 한평생 살아야 하는 자신의 조국에서 자신
은 쓰지도 않고 이해도 되지 않는 영어만 써야 한
다면 어떨까요? 장애인 역시 마찬가지입니다. 자
신이 몸담은 사회에서 배제되는 것이 어떤 느낌
일까요?

가족
살인

　우리나라에서 1년에 300건 내외의 살인사건이 일어납니다. 희생자 수도 매년 비슷해서 300명 내외입니다. 10만 명 당 0.7명이 조금 안 되는 비율입니다. 희생자는 대부분 성인입니다. 그런데 장애인의 경우 타살이 사망 원인인 경우가 10만 명당 2명으로 비장애인에 비해 3배 가까이 높습니다. 더구나 아동과 청소년의 경우 10만 명당 3명이 조금 넘습니다. 우리나라 아동과 청소년 중 장애인은 100명 중 1명 정도입니다. 그런데 한 해 살인 사건의 희생자가 되는 미성년자 중 장애인은 10%입니다. 인구 비율의 열 배입니다.

특히 장애 유형별 타살에 의한 사망률이 가장 높은 것이 정신 장애입니다. 10만 명당 3.9명으로 다른 장애인에 비해 2배, 비장애인에 비해 5배 이상 높습니다. 중증 장애의 사망률은 경증장애에 비해 1.5배 가까이 높습니다. 장애 기간으로 보면 10년 미만에 비해 10년 이상이 두 배 높습니다.

그리고 상당수 정신 장애인이나 중증 장애인은 주로 가족에 의해 죽음을 당합니다. 당연히 어떤 이유로든 타인을 살해하는 행위가 정당화될 순 없겠습니다. 하지만 특정 집단에서 살인의 피해자와 가해자 비율이 전체 집단에 비해 높으면 이는 구조적 문제일 가능성이 큽니다. 이를 단적으로 보여준 것이 2018년 보도된 서울신문의 "간병 살인 154인의 고백" 탐사보도입니다. 주로 가족이었습니다. 간병을 하다가 살인을 저지르게 된 사람들을 직접 인터뷰한 뒤 이를 정리한 것인데 간병 살인의 희생자 상당수가 심각한 장애나 질병을 가진 경우였습니다.

대소변을 가리지 못할 정도로 간병인의 일상적 도움이 필요한 경우가 46.3%, 식물인간 수준인 경우가 14.8%였습니다. 물론 스스로 일상생활이 가능한 경우도 38%인데 그중 치매가 53.7%, 뇌혈관 질환이 14.8%, 그 외 교통사고 후유증, 지체 장애 등 장애로 분류되는 경우가 대부분이었습니다.

간병인 가족을 대상으로 실시한 설문에 따르면 간병에 한계가 다다랐다고 생각하는 이유로 첫째는 수면 부족으로 인한 피로 누적과 체력적 한계를 들었고, 둘째로 경제적 어려움을 들고 있습니다. 세 번째로는 환자의 상태가 악화하는 것에 대한 스트레스입니다.

그런데 이 세 가지는 사실 가족의 책임이 아닙니다. 가족에게 독박 간병이 맡겨지고 그중에서도 특히 여성에게 간병이 맡겨집니다. 전체 간병인 중 70% 이상이 여성입니다. 따로 전문 간병인을 두기엔 경제적으로 어려운 경우가 대부분이지요. 정부의 노인돌봄종합서비스는 1년에 최대 6일간 치매 환자에 한해 가족휴가지원제도를 운영합니다. 1년에 겨우 6일 간병을 쉴 수 있다는 이야기지요.

노인장기요양보험에서는 가족 구성원이 요양보호사 자격을 취득하고 가족 간병을 하는 경우 하루 1시간씩 월 20시간을 노동으로 인정하고 급여를 지급합니다. 고작 월 20시간, 하루 1시간입니다. 간병은 하루 종일 하는데 말이죠. 장애인의 경우는 이마저도 허용하지 않았습니다.

심각한 장애를 가진 이가 있으면 가족 중 한 명은 일을 그만두어야 합니다. 당연히 경제적으로 어려워지지요. 비용은 더 나가고요. 환자의 상태가 악화하는 것에 대한 스트레스 또한 마찬가지입니다. 간병 살인의 경우 대부분 대상자는 노령층입니다. 그 외 더 젊은 피해자도 심각한 중증 장애, 정신 장애 등을 가진 경우가 많습니다. 보다 세심하고 전문적인 간병과 진료가 필요하지만 경제 사정이 허락되지 않으니 차츰 상황이 악화될 수밖에 없습니다. 이런 상황이 장애인에 대한 가족 살인을 만듭니다.

아래의 두 글은 아버지를 죽인 한 청년의 최후 진술입니다.* 이들을 누가 살인사건의 가해자로 그리고 피해자로 내몬 것일까요?

"저희의 기본적인 의식주 생활이 안정되지 못해 늘 불안했습니다. (중략) 저는 자주 너무 슬펐습니다. 외로웠고, 위로가 필요했습니다. 저 혼자서 버티기엔 버거웠고 비참했습니다. 가족과 함께하고 싶었던 일들이 가슴속에 가득했는데… 눈앞에 처해 있는 제 상황들을 이겨 내는 게 쉽지 않았습니다. (중략) 저는 결국 루저입니다. 제가 잘못한 점들은 변명의 여

지가 하나도 없습니다. 저를 낳아 주신 부모님께 못
난 모습을 보이고 큰 죄를 지었습니다." "아버지를
감당 못한 저는 루저입니다… 평생 죄를 반성하겠습
니다"

반면 새로운 돌봄 서비스로 인해 평범한 일상으로
돌아올 수 있었다는 소식도 있습니다.**

아무 일도 일어나지 않고, 특별할 것 없는 평범한 일
상. 지난해 6월 발달 장애를 가진 27살 딸을 '24시간
돌봄센터'에 보낸 뒤 어머니 최아무개(53)씨는 처음
으로 이런 생각을 했다. (중략) 최 씨는 발달 장애인
24시간 돌봄지원에 대해 "한줄기 희망"이라고 말했

---

* 관련 기사: [기획/연재] 간병살인 154인의 고백, 서울신문, 2018년
  9월 11일, https://www.seoul.co.kr/news/plan/murder/2018/09/
  12/20180912006004

** 관련 기사: '24시간 돌봄 지원'이 바꾼 발달 장애인 가족의 일상,
  한겨레신문, 2022년 7월 4일, https://www.hani.co.kr/arti/society/
  society_general/1049485.html

다. (중략) 평범한 일상이 다른 누군가에게는 아무렇지 않을 수 있지만, 발달 장애 부모들에게는 얼마나 절실한지 몰라요. 매일 오전 9시 최씨는 광주시장애인종합복지관에 있는 '최중증 발달 장애인 융합 돌봄센터'에 딸을 맡기고 일터로 향한다. 오후 5~6시 사이 퇴근길에 돌봄센터에 들러 딸과 함께 집으로 돌아오는 게 최씨의 일상이 됐다.

융합돌봄센터를 이용하기 전까지 최씨와 딸은 주간활동지원 서비스를 이용했다. 하지만 자신이나 타인을 꼬집고 무는 등 도전적 행동을 자주 보이는 딸의 성향을 중증 발달 장애에 대한 전문적 지식과 경험을 갖춘 인력이 부족한 주간활동센터 지원만으로는 감당할 수 없었다고 한다. 아이가 도전적 행동을 보이면 매번 연락을 받고 불려 나가고, 누군가를 때리기라도 했다면 '죄송하다' '잘못했다', 뒷수습을 하느라 일상생활을 전혀 할 수 없었다고 했다.

가족 살인의 직접 가해자는 가족이지만, 이들을 살인으로 모는 간접 살인은 간병과 돌봄을 오직 가족의 몫으로만 돌리는 사회와 정부일 수도 있습니다.

장애인의
건강

　　장애인의 평균 수명은 비장애인에 비해 훨씬 짧습니다. 쉽게 말해서 더 일찍 죽는다는 거죠. 장애가 있으니 당연한 것 아니냐고 말할 수도 있지만 잘 생각해 보면 그렇지 않습니다. 가령 장애인 중 가장 많은 비율을 차지하는 이들은 지체 장애인입니다. 지체 장애란 신경이나 근골격의 이상으로 인해 몸의 기능이 제한된 장애를 말합니다. 쉽게 말해서 신체의 일부가 절단된 경우, 뼈가 휘거나 근육에 영구손상을 입어 걷는 게 힘들거나 아예 걸을 수 없는 경우 등이지요. 물론 일상생활이 불편한 건 사실이지만 그 때문에 평균 수명이 줄어드는 것이 말이 될까요? 지체 장애 다음으로 많은 것은 청각 장애이고 그 다음은 시각 장애입니다. 이런 장애 또한 평균 수명이 낮아질 이유가 아닙니다. 그 다음은 뇌병변 장애와 발달 장애지요. 이 또한 평균 수명을 낮추는 건 아닙니다.

그럼에도 장애인 사망률은 비장애인 사망률에 비해 5배 정도 높습니다. 실제로 장애인 사망원인을 찾아보면 비장애인과 별반 다르지 않아 둘 다 사망원인 1위는 암입니다. 그런데 수치가 많이 다릅니다. 암으로 사망하는 장애인은 우리나라 전체 인구 대비 3.7배나 더 높습니다. 2018년 통계를 보면 장애인은 인구 10만 명당 565.5명이 암으로 사망하죠. 다른 질병도 마찬가지입니다. 우리나라에서 암 다음으로 꼽히는 사망원인은 뇌혈관 질환과 심장 질환인데 뇌혈관 질환에 의한 사망률은 전체 인구 대비 7.3배, 심장 질환으로 인한 사망률은 4.9배 높습니다.

이유는 여러 가지가 있습니다. 먼저 장애인의 경우 동반 질환(장애 이외의 질환)을 앓는 비율이 높습니다. 그중에서도 만성 질환을 앓는 경우가 많죠. 비장애인은 비염이나 편도염 등 비교적 가벼운 질환을 앓는 경우가 많은데 장애인의 경우에는 고혈압이나 무릎관절염, 당뇨 등이 대표적인 예입니다. 이렇게 동반 질환을 앓고 있다 보니 전반적으로 건강 상태가 좋지 않습니다. 하지만 이것만이 이유는 아닙니다. 장애인이 있는 가정은 비장애인 가정에 비해 가난합니다. 부부 중 한 명이 장애인인 경우도 그렇지만 자녀가 장애인인 경우도 마찬가지입니다. 우리나라처럼 장애인에 대한 돌봄이 우선적으로 가족의 몫인 경우 장애 자녀를 돌보는 것은 대부분 부모, 그중에서도 엄마의 몫인 경우가 많죠. 등하교뿐만이 아니라 집에서도 돌봐야 하고 병원이나 훈련기관 같은 곳을 가더라도 항상 동반하는 경우가 많습니다. 이러다 보니 자녀가 어느 정도 커도 따로 직업을 가지기가 쉽지 않아 소득이 낮죠. 거기다 장애인은 비장애인에 비해 의료비는 더 많이 들어갑니다. 비장애인의 1년 의료

비가 평균 159.6만 원인데 비해 장애인의 경우 657.4만 원으로 약 4.1배 더 높습니다. 이런 현실 속에서 특히 저소득 가정의 장애인은 적절한 의료 서비스를 이용하기 힘들기 때문에 사망률이 더 높아지는 것이죠.

여기에 세 번째로 건강검진을 받는 비율이 떨어지는 것 또한 중요한 이유입니다. 암의 경우 초기에 발견하면 비교적 쉽게 치료 가능하고, 충분히 일상생활을 누릴 수 있는데 초기 검진에 실패해서 키우게 되면 그만큼 치료도 어렵고 사망률이 높아집니다. 그래서 특히 암발생률이 높은 40대 이상의 경우 매년 혹은 2년에 한 번 정도는 암검진을 받습니다만, 장애인의 경우 암검진률이 비장애인에 비해 10% 정도 낮습니다. 이렇다 보니 암이 이미 상당히 진행된 상태로 발견되는 경우가 많고 또 이미 다른 만성질환을 앓고 있기 때문에 치료가 더 어려워지는 것이죠.

이렇게 장애인 특히 중증 장애인이 건강검진을 잘

받지 못하는 것에는 두 가지 사유가 있습니다. 우선 앞서 살핀 것처럼 장애인 가정은 저소득층이 많다는 것이 첫 이유입니다. 우리나라 전체로 볼 때도 소득이 낮을수록 건강검진을 잘 받지 않습니다. 이유는 소득이 높은 경우 대기업이나 공무원 등 직장이 안정적인 곳이 많은데 이런 곳들은 소속된 곳에서 의무적으로 건강검진을 받도록 합니다. 반면 저소득층은 비정규직이거나 중소기업에 다니는 비율이 높은데 이런 곳은 건강검진이 의무가 아닌 경우가 훨씬 많습니다. 더구나 사는 게 바쁘고 힘드니 일부러 시간을 내서 건강검진을 받으러 가기가 쉽지 않죠.

여기에 중증 장애인은 건강검진을 받는 것 자체가 너무 어렵습니다. 일반적인 보건소나 병원에서는 중증 장애인이 필요로 하는 시설이 제대로 갖추어지지 않은 곳이 대부분입니다. 전동휠체어를 타거나 발달 장애 혹은 지적 장애가 있는 경우 비장애인 위주로 꾸며진 병원에서의 건강검진 자체가 불가능에 가깝습니다. 그래서 정부에서 장애 친화적 건강검진 기관을 정해두었습니다만 너무 적죠. 서울에는 단 두 군데 서울의료원과 국립재활원밖에 없습니다. 대부분의 광역시도에는 한 곳 정도밖에 없습니다. 강원도의 경우 원주에 있는 원주의료원이 유일합니다. 가령 속초에 사는 중증 장애인이 건강검진을 받으려면 원주까지 가야 합니다. 중증 장애인이니 당연히 일반적인 대중교통을 이용할 수도 없습니다. 결국 가족 중 누군가 운전을 해야 하거나 장애인 콜택시를 타야 하죠. 이런 상황이니 중증 장애인의 경우 건강검진 자체를 회피할 수밖에 없습니다.

장애인은
최저임금이 없다

　우리나라를 비롯해 많은 나라들이 최저임금제를 법으로 정하고 있습니다. 노동시장에는 항상 조금 덜 받더라도 일하려는 사람과 어떻게든 더 적게 주고 고용하려는 기업이 있기 때문에 이렇게 법으로 정하지 않으면 생활을 꾸려나가기 충분치 않은 너무 낮은 임금을 받는 경우가 생기게 됩니다. 2025년 최저임금은 시간당 10,030원입니다. 하루 8시간씩 일주일에 5일간 한 달을 일하면 주휴수당을 포함해 200만 원이 조금 넘습니다. 우리나라에서 일하는 모든 사람들이 이 법의 보호를 받습니다.

그런데 예외가 있습니다. 장애인 보호작업장에서 일하는 사람들입니다. 최저임금법이 처음 만들어질 때부터 '정신장애나 신체장애로 근로 능력이 현저히 낮은 자'는 노동부장관에 의해 최저임금 적용에서 제외할 수 있기 때문입니다. 장애인 보호작업장은 중증 장애인들이 일하는 곳으로 여기서 일하는 중증 발달 장애인은 한 달에 평균 37만 원을 받습니다. 법으로 정한 최저임금의 20% 수준으로 시급으로 따지면 250원입니다. 심하게는 10만 원 미만을 받는 경우도 있고, 10만 원에서 30만 원 사이를 받는 경우도 있습니다.

물론 이유는 있습니다. 중증 장애인 중심의 일자리다 보니 하는 일이 상자를 접거나 전기 콘센트를 조립하거나 빨래를 하는 등의 단순 노동이 대부분입니다. 운영하는 측에서는 최저임금을 맞춰주면 수익이 나질 않는다고 말하죠. 또 장애인 보호작업장은 장애인들이 다른 일반 사업장에 취업할 수 있도록 훈련을 하는 곳이란 측면도 있다고 운영하는 쪽에선 이야기합니다.

하지만 어떤 이유로든 한 달에 37만 원이면 생활이 아예 불가능한 수준입니다. 물론 이런 경우 정부가 기초생활수급비를 지원합니다만 이를 포함해도 월 100만 원 안팎입니다. 이 돈으로는 장애가 없는 사람도 한 달을 살기가 힘듭니다. 하물며 중증 장애인이 이 돈으로 제대로 된 삶을 누리는 건 불가능합니다. 결국 장애인의 가족이 경제적 지원을 하는 걸 전제로 만들어진 법이고 제도인 것이죠. 이런 곳에서 일하는 장애인은 자폐스펙트럼 장애인이나 지적 장애인이 주를 이루고 있습니다. 이들을 가족이 영원히 돌봐야 하는 대상으로 취급하는 것입니다. 또 하나 훈련을 하는 곳이라고 하지만 중증 장애인의 경우 보호작업장을 벗어나 다른 곳에 취업하는 경우가 거의 없기 때문에 결국 이곳이 최종 직장이 됩니다. 훈련의 의미가 없는 곳이죠.

한번 생각해 보죠. 우리나라에는 특정한 사람만 일을 하도록 정해놓은 노동이 있습니다. 대표적인 것이 안마입니다. 안마는 법으로 시각 장애인만 할 수 있도록 정해져 있죠. 직업 선택의 자유를 위반하는 것이지만 그보다 시각장애인에게 안정적인 일자리를 확보하는 것이 더 중요하다고 여기기 때문입니다. 그렇다면 마찬가지로 공공기관에서 필요로 하는 제품 중 특정 물품은 중증 장애인에게 최저임금 이상을 주고 일정 비율 이상으로 고용하고 있는 기업에서만 제공받도록 정할 순 없는 걸까요?

또 이미 우리나라에는 장애인 고용의무제라는 것이 있습니다. 공공기관에서는 전체 인원의 3.6%, 그리고 민간 기업에서도 50인 이상을 고용하는 경우 전체 인원의 3.1%에 해당하는 인원은 장애인을 고용해야 한다고 정하고 있지요. 이를 어길 경우 고용의무 위반에 따름 벌금을 물기도 합니다. 하지만 민간 기업의 경우 대부분 이를 어기면서 벌금으로 떼우고 있는 실정입니다.

여기서 누군가 의문을 제기합니다. "아니 능력이 되는 사람을 뽑아야지 능력도 되지 않는 사람을 뽑는 것은 공정하지 않은 것 아냐?" 하지만 이는 사실과 다릅니다. 가령 전동휠체어를 타는 사람이 그렇지 않은 사람보다 기획 업무를 잘 못하는 건 아닙니다. 또 청각 장애인이 그렇지 않은 사람에 비해 홍보 업무를 못하지도 않습니다. 하지만 이런 장애인을 뽑게 되면 이들이 일할 수 있는 조건을 사업장에 구비해야 합니다. 전동휠체어를 타고 다닐 수 있도록 해야 하고, 청각 장애인과 같이 회의를 할 수 있도록 장비를 구비해야 합니다.

즉 개인의 능력과 무관하게 장애인과 같이 일하기 위해 준비해야 하는 것들이 있어서 이런 의무 조항을 만들지 않으면 기업들이 장애인을 잘 뽑지 않는 겁니다. 더구나 장애인에 대한 편견과 혐오가 여전하기도 하죠. 아니 다리도 못 쓰는데 제대로 일을 하겠어? 눈도 보이지 않는데 어떻게 일을 해? 이런 사고방식이 뿌리박혀 있는 상황에서 장애인들이 그나마 제대로 된 경쟁이라도 하려면 고용의무제가 필수입니다.

보행 장애가 있는 이들을 위해 지하철역에 엘리베이

터가 필수이고, 시각 장애인을 위해 점자블록이 있듯이 기업들이 장애인이 일할 수 있는 시설을 구비하는 것 또한 당연합니다. 실제로 다른 선진국의 경우 기업들이 장애인 시설을 구비하지 않고 이를 이유로 장애인을 고용하지 않을 경우 우리나라보다 훨씬 큰 벌금과 제재가 가해집니다.

장애는 타고난 것이 아니다

정부 통계에 따르면 우리나라 장애인은 전체 인구의 5% 정도 됩니다. 20명 중 1명이죠. 그런데 여러분 또래 친구들을 보면 장애인은 이런 통계보다 훨씬 드뭅니다. 여기에는 이유가 있습니다. 대부분의 비장애인은 장애가 타고난 것이라고 여깁니다만 사실 장애는 대부분 살아가면서 얻게 됩니다.

가령 10대의 경우 장애인 비율은 1% 정도에 불과합니다. 그러나 30대가 되면 1.8%, 50대가 되면 5.8%, 70

대가 되면 18.6%가 됩니다. 그래서 여러분 또래 중 장애는 대부분 지적 장애나 자폐스펙트럼 장애입니다. 이들 장애는 선천적이죠. 반대로 시각 장애나 청각 장애 혹은 지체 장애를 가진 이들은 거의 보지 못했을 겁니다. 이들 장애는 99% 가까이 후천적이기 때문입니다.

또 하나 생각해 볼 것이 있습니다. 젊은 사람이 지팡이를 짚고 걸으면 장애라고 생각하지만 노인이 지팡이를 짚고 걸으면 자연스럽게 여깁니다. 나이가 들면 걷기가 불편해지는 이들이 늘기 때문이죠. 하지만 장애라는 측면에서 봤을 때는 젊든 늙든 보행이 불편하면 당연히 장애입니다. 그래서 장애인 중 가장 비율이 높은 연령층은 노인들입니다. 특히 80대 이상은 세 명 중 한 명이 장애인이죠.

더구나 우리나라는 장애인이 다른 선진국에 비해 절반이나 3분의 1 정도밖에 되질 않습니다. 이는 우리나라가 유별나게 장애인이 없기 때문이 아니라 정부의 기준이 아주 엄격하기 때문이죠. 다른 선진국의 경우 장애인 비율이 10~20% 사이죠. 이를 감안해서 생각하면 결국 우리들 또한 언젠가 장애인이 될 가능성을 가지고 있고, 확률적으로 셋 중 한 명 혹은 둘 중 한 명은 장애인이 됩니다.

물론 우리가 장애인이 될 확률이 높지 않더라도 장애인이 생활을 꾸려나가기에 불편하지 않는 사회를 만들어야겠지만, 이런 상황을 생각하면 장애인을 위한 사회안전망의 구축은 더 필요한 것이죠. 여러분이 생각하는 가장 중요한 사회안전망에는 무엇이 있을까요?

2
여성

　　32살의 현진 씨는 요사이 큰 고민에 싸여 있습니다. 3년 간 사귀던 남자친구 영수 씨와 결혼한 지 1년이 되어 가는 작년 부쩍 아이를 낳고 싶다는 생각이 들었습니다. 현진 씨도 아이를 원하지만 남편 영수 씨도 아이를 원하는 눈치고, 시부모님이나 친정 부모님들도 이왕 낳을 거면 한 살이라도 어릴 때 낳는 것이 낫다고 말을 건넵니다. 영수 씨와 의논 끝에 작년 말에 임신에 성공했습니다.

　　현진 씨는 임신 6개월에 접어들어 직장에 임신 사실을 알립니다. 사실 좀 더 있다가 알리고 싶었지만 6개월째 접어들면서 임신성 고혈압도 오고 부쩍 몸이 피로해져서 이전처럼 야근을 할 수 없었기 때문에 알린 거지요. 그런데 동료나 상관의 태도가 부쩍 달라졌음을 느끼게 됩니다. 이 직장에서 5년차인 현진 씨는 나름 능력도 인정받고 앞으로 자신의 커리어를 이 직장에서 계속 만들어 나가고 싶었죠. 하

지만 임신을 하면서 자신을 향한 직장사람들의 모습을 보면서 이 직장을 계속 다닐 수 있을까라는 회의감이 듭니다. 정시 퇴근을 하면서 야근을 준비하는 동료들 눈치를 볼 수밖에 없었죠. 물론 동료들이 현진 씨 앞에서 뭐라 하진 않습니다만 "가뜩이나 바빠 죽겠는데 지금 임신을 하면 민폐 아냐?"라는 소리가 건너 들려옵니다.

부장은 벌써부터 출산 휴가는 얼마나 쓸 건지를 물어봅니다. "출산 휴가 90일 다 쓸 건 아니지? 힘들더라도 한 달 쉬고 출근할 수 없을까?" 이런 상황에서 육아 휴직을 6개월 정도 내겠다면 난리가 날 듯합니다. 현진 씨 생각은 출산 예정일 한 일주일 전에 출산 휴가를 시작해서 3개월 쓰고 다시 육아 휴직을 6개월 정도 써서 9개월 정도 휴직할 생각이었습니다. 아이 이유식 시작하기 전까지는 모유 수유를 하고 싶기 때문이죠. 거기다 양가 부모님들

도 다 일을 하고 계셔서 아이를 돌봐줄 사람도 없고
요. 아이가 어느 정도 커야지 어린이집에 보내고, 베
이비시터도 쓸 수 있다고 생각하고 있습니다. 하지
만 지금 분위기로 봐서는 그 정도로 쉬면 아예 회사
를 그만두어야 할 것 같습니다. 이제 32살, 앞으로
최소한 20년 이상 이 업계에서 일할 거라고 생각했
는데, 이 회사를 그만두고 33살에 지금과 같은 조건
으로 다른 직장에 취업을 하기란 여간 어려운 일이
아닐 겁니다. 뱃속의 아이에게 미안해서 '괜히 임신
했나?'라고 생각하다가도 머리를 이내 젓습니다만,
우울한 기분을 감출 수 없습니다.

젊은 남성이
바라보는 여성[*]

얼마전 어떤 게임에 나오는 캐릭터가 엄지 손가락과 검지 손가락을 모으는 제스처를 취한 것을 가지고 온라인 게임 커뮤니티 사이트와 남초사이트(남성의 비율이 높은 인터넷 커뮤니티 사이트)를 중심으로 '남성 혐오'를 표현한 것이라는 반응이 나타났습니다. 가끔씩 나타나는 일입니다. 여성의 숏컷이 페미니즘의 표현이라며

---

* 졸저 『불평등한 선진국』 228쪽 '20대 남성이 바라보는 여성'을 일부 인용했습니다.

그런 헤어스타일을 한 여성 체육인이나 연예인에 대해 사이버 불링을 하는 경우도 자주 있죠. 주로 10~30대의 젊은 남성들 중 페미니즘에 대한 공공연한 반대 혹은 혐오를 나타내는 이들이 꽤 많습니다.

지금의 50대 이상은 남성 위주의 가부장적 문화 안에서 살아온 세대죠. 가령 여자와 북어는 사흘에 한 번씩 두들겨 패야 한다라든가, 여자가 조신하게 집안일이나 하지 무슨 취직이야 같은 이야기가 만연하던 시절이었습니다. 남자 형제를 위해 여자가 중학교나 고등학교를 졸업하고 취직해서 학비를 버는 일이 당연했던 시기기도 하고요. 거기다 중고등학교는 대부분 남자 학교, 여자 학교가 따로 있던 시기죠. 하지만 이제 여자가 일을 하고 성공하는 것이 이상하지 않은 시절이 되었고, 초등학교 때부터 여자가 반장을 하거나 학생회장을 하는 것이 새삼스런 일도 아닙니다. 지금의 30대 이하 남성들은 학교에서 또 사회에서 이전과 다르게 남녀 평등에 대해 자연스럽게 배우고 또 학습한 세대입니다. 그럼에도 불구하고 젊은 남성 일부가 페미니즘에 대해 노골적으로 혐오를 드러내는 것은 왜일까요?

여러 가지 이유가 있겠지만 여기에는 경제적 사회적 문제가 상당히 크게 작용한다고 생각합니다. 가령 집안의 소득수준이 상위 20%에 속하는 젊은 남성을 보죠. 이들이 속한 가정은 대부분 꽤 괜찮은 아파트를 소유하고 있고 현금성 자산도 10~12억 원 정도 가지고 있습니다. 연간 1억 원 가까운 소득을 올리고 있고요. 하지만 이 청년들의 눈에 상위 1%는 넘사벽의 세계에 살고 있는 존재들입니다. 보통 자산이 몇 백억 원 정도 되는 이들이지요. 부모의 자산만 가지고도 평생 아주 풍족한 삶을 살 수 있습니다. 20%의 젊은 남성들에게 그들 1%의 성별은 별로 중요하지 않습니다. 부모의 재력이 만든 벽은 성별의 차이를 뛰어넘으니까요. 물론 그 1% 안에서는 성별에 따른 차별이 있지만 20%의 눈에는 그게 보일 리가 없습니다.

그리고 20%의 젊은 남성들은 자신들의 부모가 확보한 이 20%에서 떨어지지 않기 위해 엄청난 경쟁에 시달리고 있습니다. 가장 좋고 현실적인 방안은 대기업에 입사하는 것입니다. 하지만 경쟁이 장난이 아니죠. 그런데 대기업은 남성을 선호합니다. 여성은 30% 정도 뽑고 남성을 70% 뽑죠. 그런데도 이 경쟁조차 힘들다고 당사자들은 생각합니다.

어떻게 되었든 이 대기업을 제외하면 젊은 남성들이 선망하는 일자리 취업에서 여성들이 발군의 능력을 보입니다. 당연합니다. 좋은 일자리에서 가장 많은 지분을 차지하는 대기업에서 능력보다 성별로 인한 불리함을 경험하게 된 20대 여성들은 성별에 의한 불평등을 겪지 않고 오로지 시험만을 통해 쟁취할 수 있는 일자리에 집중할 수밖에 없죠. 그래서 이들과 시험을 통해 경쟁하게 되는 20대 남성들에게 20대 여성이란 성적을 놓고 겨루는 '대등'한 경쟁자이지, 자신들 남성에 의해 이미 대기업이란 일자리에서 피해를 받은 여성이란 생각이 잘 들지 않겠지요. 이들에겐 여성들이 맞닥뜨리는 사회적 차별보다는 경쟁자로서의 모습이 오히려 부각될 뿐입니다. 그리고 실제로 이들이 보는 여성들이란 대단히 뛰어난 능력을 시험 성적으로 증명하는 이들이지요.

그리고 나머지 80%가 있습니다. 이들의 눈엔 20%의 치열한 경쟁보다는, 20%가 1%를 보듯이 넘사벽의 세계에 살고 있는 모습만 보일 뿐입니다. 여기에도 성별에 의한 차별보다는 20%의 부모가 만든 재력의 차이와, 그들 20% 청년들이 지나온 10대가 만든 능력의 차이가 더 눈에 띌 뿐이지요. 하위 80%에게 상위 20%는 어려서부터의 사교육으로 명문대의 50% 이상을 차지하고 마찬가지로 좋은 일자리 대부분을 차지하면서 자기들만의 리그를 구축한 것처럼 보이니까요.

하지만 이들 80%에선 남녀의 차별이 더 적나라하게 드러나기도 합니다. 하다못해 배달일을 하려고 하더라도 대부분 남자들입니다. 물류센터에서 일을 하더라도 남자를 더 선호하지요. 몸 쓰는 일에 남자들을 선호하는 건 예전부터 있어 왔던 일이지요. 그리고 작은 공장이라도 들어가면 하다못해 반장을 하는 것도, 주임을 하는 것도, 공장장도 대부분 남자입니다. 이들에게 남녀 차별은 대단히 공공연한 일이어서 오히려 남녀 차별이 있다는 사실 자체를 부정하진 못하는 것이 사실입니다.

결국 남녀 차별에 눈을 닫고 페미니스트를 혐오하는 이들은 아직 여성의 경력 단절 문제가 눈에 띄기 전인 10~30대 초반에 20%에 남아 있기 위해 치열한 경쟁을 벌이는 남성들 가운데서 가장 많이 나타나게 됩니다.

경력
단절

10대와 20대 초반까지는 잘 느끼지 못하다가 20대 중후반이 되면 비로소 절실하게 느껴지는 것이 우리 사회의 남녀 차별입니다. 학교에 다닐 때는 특별히 여성 차별을 느끼기란 쉽지 않지요. 물론 아직도 늦은 밤에 거리를 다니다 보면 여성으로서 위험을 느끼기도 하고, 집에 따라 조부모님이나 부모님의 보이지 않는 차별을 느낄 수도 있겠지요. 하지만 학교 생활에서 혹은 시험이나 수행평가 등에서는 남녀 간의 차별이 별로 없습니다. 20대가 되면 조금씩 차별이 눈에 들어옵니다. 대학에서

는 아직 큰 차별이 없지만, 대부분의 남녀공학에서도 단
과대학 학생회장이나 전체 학생회장 등은 아직도 남자
가 대부분이고, 남녀 간의 교제에서도 남자가 주도권을
쥐려는 모습을 많이 보게 되지요.

그리고 사회에 진출하려 할 때 여성은 큰 좌절을 겪
습니다. 많은 사람들이 선호하고 지원하는 대기업의 경
우 아직도 여성보다는 남성을 선호합니다. 그래서 대기
업 신입사원 중 70% 가량이 남성입니다. 흔히 말하는
월급도 많이 주고 안정적인 직장 중에서 대기업 사무직
이 차지하는 비중이 70%로 가장 많습니다. 그러니 여성
들의 경우 취업 시 남녀 차별이 없는 곳을 선호할 수밖
에 없습니다. 바로 시험을 쳐서 뽑는 곳이죠. 공무원, 변
호사, 변리사, 공인회계사 등 시험으로 해당 전문직을
뽑거나 인정하는 곳에 여성들이 몰립니다. 간호사나 약
사, 교사의 경우는 여성이 압도적으로 많습니다.

이런 현상을 두고 오히려 역차별이라고 이야기하는

사람도 있죠. 하지만 시험에 무슨 차별이 있겠습니까? 이런 시험에 합격할 만한 남성들 중 상당수가 이미 대기업 사무직으로 들어갔기 때문에 상대적으로 여성이 더 많이 합격하는 것이지요. 그래도 같은 직장에 들어갈 때 월소득으로 차별을 하진 않습니다. 그래서 20대 후반이나 30대 초반까지는 남성과 여성의 평균 소득이 비슷합니다. 그런데 30대 후반이 되면 남성의 소득은 더 증가하는데 여성의 소득은 감소합니다. 원래 어느 직업이든 경력이 오래되면 월급이 오르게 마련이지요. 그래서 남성의 경우 본격적으로 퇴사가 이어지는 50대 중반이 될 때까지는 나이가 들수록 평균소득이 올라갑니다. 하지만 여성은 30대 중반을 정점으로 점점 소득이 낮아집니다. 그래서 20대 후반에는 남성에 비해 평균 월소득이 약 90% 정도였던 것이 50대가 되면 남성 소득의 절반밖에 되질 않습니다.

바로 경력 단절 때문입니다. 우리나라 여성들 중 80% 이상이 40대가 되기 전에 결혼합니다. 그리고 결혼한 여성 중 80% 이상이 한 명 이상의 아이를 낳습니다. 대부분 30대입니다. 사람에 따라 다르지만 임신을 하고 6개월쯤 지나면 입덧, 두드러기, 임신성 당뇨, 임신성 고혈압 등 다양한 증상이 나타납니다. 또 아이를 무사히 출산하려면 건강에 전보다 더 신경을 쓰게 됩니다. 그래서 우리나라 법에는 임신 중에는 위험한 업무를 하지 않을 수 있도록 그리고 하루 8시간 이상 근무하지 않아도 되도록 회사에 요구할 수 있습니다. 또 출산 휴가를 최대 90일까지 쓸 수 있도록 보장하고 있지요. 아이가 태어나면 최대 1년까지 육아 휴직을 신청할 수 있습니다. 갓난아기를 돌보는 데 필요한 시간을 아주 충분하진 않지만 보장하는 거지요. 육아 휴직은 엄마만 신청할 수 있는 것이 아니라 아빠도 신청할 수 있습니다.

하지만 실제로 이런 제도를 충분히 쓰는 여성은 굉장히 적습니다. 통계에 따르면 임신 기간 동안 근로시간을 단축한 경우는 전체의 3.3%에 불과합니다.* 출산 휴가를 제대로 사용하는 비율은 9.6%밖에 되질 않고요.

육아 휴직은 더 심해서 제대로 사용하는 곳은 전체의 3.9%입니다. 몰라서가 아닙니다. 대부분의 기업들은 이런 제도에 대해 알고 있습니다. 알고도 쓰질 않는 거죠. 이 말은 곧 이런 제도를 쓰려면 회사를 그만두라는 압력이 들어온다는 뜻이지요. 여러분들은 학교에서 여선생님들이 임신하고 출산하면 대략 6개월에서 1년 정도 학교를 쉬고 다시 돌아오는 경우를 종종 보았을 겁니다. 현재 우리나라에서 이런 제도를 제대로 쓸 수 있는 곳은 학교와 공무원 정도가 대부분입니다. 물론 대기업의 경우도 이런 제도 활용도가 높은 편입니다만, 아무래도 선생님이나 공무원과는 비교가 되질 않습니다. 대기업이 여성보다 남성을 더 많이 뽑는 이유 중 하나이기도 합니다. 뽑아 놓았더니 아이 낳는다고 1년씩 휴직한다고 불만이 있는 거지요.

---

*   관련 기사: '알고도 못 쓰는 출산 휴가·육아 휴직', 국민일보, 2019년 5월 16일, https://m.kmib.co.kr/view.asp?arcid=0924078609

앞서 우리나라 여성 대부분이 30대에 결혼하고 아이를 낳는다고 했습니다. 그렇다면 그 여성들 중 앞서 살펴본 10% 남짓한 사람들을 제외하면 임신 중 근로시간 단축도, 출산 휴가도, 육아 휴직도 제대로 누리지 못한다는 뜻입니다. 하지만 아이 낳는 날을 포함해서 며칠 정도만 회사를 쉬고 바로 출근할 순 없는 노릇입니다. 결국 우리나라 30대 여성 중 절반 이상이 출산과 육아 때문에 회사를 그만두게 됩니다.

한부모 가정의
어머니들

아내가 하는 공부방 학생 중 초등학교 2학년 아이 한 명은 부모님이 이혼한 후 어머니와 살고 있습니다. 어머니는 식당에서 주방일을 합니다. 아이가 등교한 후 9시에 식당에 출근해서 오후 7시까지 일을 합니다. 가끔 아내에게 아이 일로 상담하러 오기도 하는데, 식당에선 저녁 시간이 가장 바빠 9시 정도까지 일해야 하지만, 아이가 돌아오는 시간에 맞추려고 오전에 더 일찍 나가고 저녁에 일찍 들어온다고 하더군요. 집에 와서도 쉬질 못합니다. 아이 저녁을 차려주고, 청소, 설거지, 다음 날

식사 준비까지 마치면 보통 밤 11시가 된다고 하더군요. 파김치가 되어 자고 아침엔 다시 아이 등교 준비를 마치고 서둘러 식당에 갑니다.

하루 종일 일을 하다 보면 자기가 왜 이렇게 살아야 하는지 회의가 들 때가 한두 번이 아니라고 합니다. 그래도 자기만 바라보는 아이를 생각하면 없는 힘도 다시 짜내며 일을 한다고 하더군요. 문제는 아이가 중학교에 가면 학원도 보내고 이것저것 들어가는 돈이 많을 터인데 이렇게 힘들게 일을 해도 돈을 모으기가 힘든 상황이라 합니다.

한부모 가정은 부모 중 한 명과 자녀가 같이 사는 가정을 말합니다. 우리나라 전체 가구 중 6.6%로 149만 4천 가구 정도 됩니다. 그중에서도 미성년 자녀와 사는 경우는 37만 가구입니다. 하지만 우리나라는 혼자 사는 1인 가구 비율이 40%가 넘고 자녀 없이 부부만 같이 사는 2인 가구도 10% 이상입니다. 그래서 아직 학교에 다니는 자녀와 함께 사는 가구로만 따지면 7.7% 정도가 한부모 가정입니다. 즉 우리 반에서 한두 명은 한부모 가정이란 뜻이죠.

한부모 가정의 어머니들은 일을 쉬고 있는 비율이 22.3%로 상당히 높습니다. 또 일을 하고 있지 않는 경우가 22.3%나 됩니다. 다른 가구들이 일을 하지 않는 경우가 5% 미만인 것과 비교하면 4배 이상 높습니다. 거기다 무급가족 노동이라 해서 가족이 하는 자영업에서 임금을 받지 않고 일을 하는 경우까지 포함해서 노동을 통한 소득이 없는 경우가 25%로 전체 네 가구 중 한 가구 꼴입니다.

가장 큰 이유는 건강 문제로 51.9%입니다. 즉 비취업자의 절반 이상이 일을 할 만큼 건강하지 못하다는 거죠. 전체 한부모 가정의 약 12% 정도가 일을 하지 못할 정도로 건강상 문제가 있다는 의미입니다. 이는 육아와 살림 그리고 돈을 버는 노동을 혼자 감당하다가 벌어진 결과인 경우가 많습니다. 둘이 할 일을 혼자 하다 보니 몸에 무리가 온 것이죠.

두 번째 이유는 자녀 때문인데 20.3%입니다. 특히 30대 이하의 경우 이 비율이 35.1%입니다. 아무래도 자녀가 대부분 미취학 아동이라 직접 육아를 하는 경우가 많아서입니다. 특히 어머니가 가구주면서 자녀와만 사는 경우 아이를 마땅히 맡길 만한 곳을 찾기 힘들기 때문입니다. 그래서 자녀가 미취학인 경우 자녀 돌봄 때문에 일을 하지 않는 경우가 56.5%를 차지합니다.

세 번째로 정부 지원 때문이라는 응답이 10.4%를 차지합니다. 이는 정부 지원이 풍족해서가 아니라 취업을 하면 정부 지원이 끊기는 문제와, 아이 돌봄 문제가 겹쳐져 있다고 보아야 합니다. 아이를 맡길 곳이 마땅치 않은데, 취업을 하면 정부 지원까지 끊기니 이러한 사정을 감안하면 일을 하지 않는 편이 낫다고 생각하는 거죠. 결국 비교적 젊은 한부모 가정은 미취학 아동 때문에 일을 하지 못하고 있고, 연령이 높은 층에서는 건강이 허락하지 않아서 일을 하지 못하고 있는 거죠.

일을 하는 이들도 비정규직과 임시직이 많다 보니 전체적으로 버는 돈이 적습니다. 월 근로소득 200만원 미만이 42.8%를 차지합니다. 특히 모자 가구의 경우 200만 원 미만이 60% 가까이 됩니다. 양부모 가정(부모가 다 있는 가정)에선 정규직이 약 절반 정도이고 비정규직이 절반 약간 안 됩니다. 그런데 한부모 가정은 정규직이 30%가 채 되질 않습니다. 이러다 보니 소득 수준이 전반적으로 낮습니다.

그래서 한부모 가정의 절반 이상, 54.6%가 저소득 층입니다. 그중에서도 어머니가 가장인 경우(모자 가구)는 더 심합니다. 임시 일용직의 경우 모자 가구가 71%, 비취업의 경우 모자 가구가 84%를 차지합니다. 마찬가지로 저소득 지원 가구도, 월 소득 200만 원 이하 가구 비율도 훨씬 높습니다. 부자 가구에 비해 모자 가구가 저소득에, 임시 일용직에, 비취업에 몰려 있습니다.

또 이들이 취업한 직장의 경우도 대기업은 거의 없

습니다. 고용규모 100인 이하 기업이 전체의 92.7%로 대부분이고 그중에서도 30인 이하의 소규모 기업이 79.1%를 차지합니다. 그러니 고용 안정성도 떨어지고 임금 소득도 떨어질 수밖에 없습니다.

한부모 가정이 되는 사유 중 80% 이상이 이혼입니다. 그리고 이혼 후 여성이 아이를 기르는 경우가 70% 이상이죠. 또 20~40대까지가 또 70% 이상입니다. 이 시기 여성은 아이를 기르는 과정에서 경력 단절이 되고 이혼하기 전까지 전업주부인 경우가 50%가 넘습니다. 결국 자산도 얼마 되지 않는 상황에서 여성은 아이를 기르면서 대부분 임시직이나 일용직에서 낮은 소득을 받으면서 일하죠. 거기에 미취학 아동이 있으면 일하는 시간이 짧거나 취업을 포기할 수밖에 없습니다. 또 이혼한 상대방에게 양육비를 받는 경우는 20%가 되질 않습니다. 애초에 가난한데 안정된 고용도 보장되지 않고, 육아에도 큰 도움을 받지 못한 상황이 한부모 가정을 꾸리는 여성이 마주한 현실입니다.

저출산
문제

　출산율이 낮다고 다들 난리입니다. 그와 관련하여 흥미로운 통계를 발견했습니다. 한국여성정책연구원이 2022년 45세 이하의 여성에게 자녀 출산 계획을 물었습니다. 전체적으로 출산 계획이 없다가 85.1%이고, 모르겠다가 8.2%, 있다가 6.8%입니다. 압도적으로 아이를 낳지 않겠다는 여성들의 '의지' 혹은 '현실'이 보입니다.

　그런데 연령별로 재미있는 결과가 나옵니다. 19~24세 여성의 경우 자녀 출산 계획이 있다는 응답이 100%

입니다. 아직 세상의 쓴맛을 본격적으로 보기 직전(?) 이라고나 할까요? 그러다 25~29세가 되면 출산 계획이 있다는 37.7%로 확 줄어들고, 없다가 58.1%로 과반을 차지합니다. '아, 한국이란 나라가 애를 낳기에는 너무 끔찍하군' 이런 생각을 하게 된 게 아닌가 합니다.

그런데 30~34세가 되면 '없다'는 56%로 줄고, '있다'도 29.1%로 줄어듭니다. 대신 '모르겠다'가 14.9%로 늘어나지요. 결혼을 목전에 둔 여성들이 아이 출산에 대해 고민하기 시작하는 느낌이 팍팍 듭니다. 나이가 든다고 세상이 좋아지는 건 아니니 자녀 출산 계획이 '있다'는 응답도 줄지만, 또 이걸 혼자 결정해도 될까라는 생각에 '없다'도 줄어드는 거지요.

하지만 다시 35~39세가 되면 자녀 출산 계획이 '없다'는 79.9%로 늘어나고, '있다'는 6.6%로 확 쪼그라듭니다. 이미 결혼해서 자녀를 한 명 정도 가진 여성이 더 이상은 '없다'고 선언하는 걸까요? 결혼 생활을 어느 정도 했지만 애는 역시 낳지 않는 게 좋겠다고 판단했을 수도 있지요. 혹은 아예 결혼은 꿈도 꾸기 싫다든가, 꿈을 꿀 수도 없겠다는 생각일 수도 있겠습니다. 40세가 넘어가면 애를 낳겠다는 생각은 0.7%, 1%도 되질 않습니다. 물론 노산을 걱정하는 걸 수도 있겠지만 사실 의학의 발달은 40대 초반에 출산하는 걸 겁낼 정도는 아니게 만들었습니다. 그럼에도 거의 모든 여성이 40대가 되면 애는 없다고 선언하는 거죠.

그러니까 여성들이 어릴 때나 청소년 시절부터 애를 낳지 않겠다고 생각했던 건 아닙니다. 20대 초반까지만 하더라도 애를 낳겠다는 열망(?)에 가득 찼던 100%의 여성들이 불과 20년 만에 모두 '애는 안돼!'라는 결론에 도달하게 되는군요.

과연 여성들로 하여금 아이를 낳지 않겠다는 결심을 하게 만드는 요인은 무엇일까요? 그리고 아이를 낳고 싶어하는 여성들이 안심하고 아이를 가지려면 사회는 무엇을 해야 할까요?

3

난민과
이주노동자

이 글에서 외국인 거주자 혹은 외국인 노동자 등의 표현 대신 이주민, 이주노동자라는 표현을 씁니다. 이유는 하나입니다. 외국인 거주자나 외국인 노동자는 이미 우리 사회에 속한 이들을 배제하는 표현이라 여기기 때문입니다.

우리나라의 이주민은 약 226만 명으로 전체 국민의 4.4% 수준입니다. 스무 명 중 한 명은 이주민인 거죠. 약 15년 전인 2006년에는 54만 명으로 1.1%였으니 그 사이 네 배나 증가했습니다. 여러 가지 정황으로 보자면 앞으로도 이주민은 늘 수밖에 없고, 그 비율 또한 더 커질 겁니다.

잠깐 머물다 가는 이들도 있지만 대부분은 평생 혹은 아주 오래 우리나라에서 머물 사람들입니다. 가장 많은 비율을 차지하는 이들은 노동자입니다. 아무래도 우리나라가 선진국이고 임금수준이 높다

보니 자기 나라보다 우리나라에서 일을 하려는 이들이 늘고 있죠. 그런데 다른 선진국은 임금수준이 우리나라와 비슷하든가 아니면 더 높으니 자연스레 우리나라보다 경제 사정이 낙후된 곳에서 주로 옵니다. 중동, 중앙아시아, 동남아시아, 중국, 러시아, 몽골 출신들이 많죠. 두 번째로 많은 이들은 우리나라 남성과 결혼한 이주여성입니다. 평생을 같이 있겠다고 생각하고 왔고 또 가정을 꾸리고 자녀도 가지니, 이주노동자에 비해 수는 적어도 우리나라에 미치는 영향은 그와 비슷합니다.

그런데 이런 이주민은 생김새부터 우리나라 사람들과 다르고, 문화나 풍습도 다르죠. 더구나 우리나라는 외국인들에 대해 낯설어하는 감정이 다른 나라보다 심하고, 특히 우리나라보다 못사는 나라 사람들에 대해선 낮춰보는 경향도 강합니다. 그래서 이주민과의 관계에서 생기는 갈등은 이주민들이

일으키는 것이 아니라 우리나라 사람들이 만드는

경우가 대부분이죠. 이들이 낯선 대한민국에서 겪

는 여러 가지 불평등에 대해 살펴봅니다.

우린 모두
난민의 후손

우리나라가 선진국이 되면서 난민 신청을 하는 외국인들이 꾸준히 늘고 있습니다. 2024년 한 해 동안 총 18,336건의 난민 신청이 있었습니다. 그중 난민 지위를 인정받은 사람은 총 105명밖에 되지 않습니다. 난민 인정률은 약 0.57%에 불과합니다. 난민법이 제정된 1994년 이래 누적 신청 건수는 약 12만 건 이상이 되는데 난민 인정자는 1,544명, 인도적 체류 허가는 2,696명에 지나지 않습니다. 전 세계적으로도 난민을 잘 받지 않는 나라로 일본과 더불어 우리나라가 꼽히는 이유입니다.

유엔이 정한 난민의 정의는 인종이나 종교, 국적, 특정사회집단의 구성원 신분 또는 정치적 의견을 이유로 박해를 받을 우려가 있어 자기 나라에 살지 못하고 탈출한 사람을 말합니다. 하지만 실제로는 이런 경우와 함께 자연재해나 전쟁, 기아 등 다양한 이유로 자신의 거주지에 살 수 없게 된 사람을 모두 난민이라 칭하고 있습니다. 가령 기후난민의 경우가 있습니다. 기후 위기로 인해 아프리카의 사하라사막 남쪽의 사헬지대에선 몇 십 년 째 극심한 가뭄이 이어지고 있습니다. 유목과 경작을 하며 살던 사람들이 더 이상 살 수 없게 되었죠. 이들은 자신의 고향을 떠나 주변의 다른 나라로 갑니다. 또 메콩 강이나 갠지스 강의 하류 삼각주에선 많은 이들이 벼농사를 지으며 살고 있습니다. 그러나 해수면 상승으로 인해 논과 이어진 삼각주의 염분 농도가 높아지면서 벼농사를 지을 수 없는 곳이 생기고 있습니다. 1년 농사 지어 1년 먹고 사는 이들로선 대책이 없지요. 그래서 이들 중 일부는 주변의 도시로 일을 찾아 갑니다. 하지만 그곳에서도 이들이 할 수 있는 일은 많지 않아 대부분

도시빈민이 됩니다. 이런 이들도 우린 난민이라고 합니다.

사실 생각해 보면 한반도에 사는 우리도 모두 난민의 후손입니다. 조선시대 민란까지 가지 않더라도 말이지요. 우리 중 많은 이는 6.25 전쟁 당시 북에서 내려온 난민의 후손입니다. 피난민이란 말은 전쟁을 피해 도망친 '난민'이란 뜻이지요. 당시 우리나라엔 600만 명의 난민이 있었습니다. 현재 5000만 명의 인구 중 그 600만 명의 후손이 최소한 1500만 명은 될 겁니다. 여쭤보면 할아버지나 할머니 혹은 증조할아버지와 할머니 중 일제 강점기에 북한 지역에서 살다 해방 이후 혹은 6.25 전쟁 도중 내려온 분들이 있을 터입니다. 가진 것 없이 몸만 내려왔던 분들이라 살기가 팍팍했지요. 더구나 당시는 6.25전쟁으로 사회 기반 시설이 굉장히 많이 파괴되어 있었고, 농사 이외에 할 수 있는 일이 별로 없던 때였죠. 당시 유엔과 여러 나라들이 원조 물자를 제공해서 우리나라의 난민을 도왔습니다. 또 난민 중 일부는 다른 나라로 떠나기도 했습니다. 당시 우리를 도왔던 나라에는 유럽과 미국만이 아니라 미얀마, 이라크, 스리랑카 그리고 현재 내전으로 고통받고 있는 시리아도 있었습니다.

그리고 60년대 후반에서 70년대에 이르는 사이 전국의 농촌에서 도저히 살 수 없어 세간살이를 짊어지고 서울로 무작정 상경한 국내 난민의 후손도 부지기수입니다. 국경을 넘어야만 난민인가요? 자신이 뿌리내려 살던 곳에서 도저히 버틸 수 없어, 실낱 같은 희망이라도 보이는 쪽으로 등짐 지고 봇짐 이고 살 길 찾아 떠나오던 우리의 부모는 모두 난민이었습니다. 지금 서울이나 인근의 수도권에 사는 이들 중 부모님이 할아버지 할머니의 손을 잡고 밤기차를 타고 서울로 올라왔던 분들이 한둘이 아닐 겁니다. 그뿐이 아닙니다. 몇 만 명에 달한다는 탈북민도 모두 난민입니다. 자신의 땅에서 유배되어 중국을 거쳐 내려온 그들이 난민이 아니면 무엇이겠습니까?

원래 가난하고 위협받는 이들은 되도록이면 살 만한

곳으로 가기 마련입니다. 난민이 우리나라로 온다는 것은 그나마 살 만한 곳이라고 여겨지기 때문이지요. 여기서 살 만하다는 건 '먹고' 살 만하기도 한 것이고, '목숨의 위협을 받지 않고' 살 만한 것이기도 하겠습니다. 우리나라가 점점 더 살기 좋아질수록 난민이 늘 것입니다. 하지만 우리나라에는 난민에 대해 거부감을 가지는 사람들이 많습니다. 사람들의 걱정에는 이해할 만한 부분도 있습니다. 하지만 그 걱정은 정부가 해결해야 할 문제이지 난민을 막아서 해결할 문제가 아니지요. 잘 살게되었다는 건, 어떤 의미로든 더 큰 책임을 져야 한다는 것이고, 그 책임에 따른 부차적 문제는 개별 국민이 아니라 정부가 해결해야 하는 것입니다.

난민을 받지 않고 강제 송환한다고 그들이 모두 죽지는 않는다고 누군가는 말합니다. 당연하지요. 그들 중 일부만이 죽고, 그들 중 일부만이 폭행당하고, 갇히고, 강간당할 것입니다. 아마 살아남을 수 있는 이들이 죽는 이들보다 많기는 할 것입니다. 하지만 누가 죽을지 누가 다칠지 특정할 수 없다고 책임이 면해지는 것이 아닙니다. 강제 송환에 찬성하는 순간 우리는 이미 살인방조죄를 짓는 것이죠.

그들이 좋은 사람인지 나쁜 사람인지 알 순 없습니다. 그들 중 일부는 분명히 나쁜 사람일 것이고, 그들 중 남자는 고루하고 끔찍한 방식으로 그들의 땅에서 여성을 억압하고 혐오했을 수도 있습니다. 하지만 인권은 원래 '죄악의 유무'에 따라 선별적으로 주어지는 것이 아니지요. 죄는 재판을 통해 가려지고 처벌되면 되는 것이고, 그들이 요구하는 인권의 권리는 그들의 선악 유무에 따라 선별적으로 주어질 것이 아닙니다.

외국인 노동자에
기대어 사는 우리들

요사이 거리에서 외국인을 만나는 일은 더 이상 색다르지 않습니다. 빠르게 국제화가 되면서 우리나라에 사는 혹은 들르는 외국인이 늘어났기 때문이죠. 서울이나 부산 같은 대도시에선 흔하게 미국이나 유럽에서 여행 온 외국인을 만날 수 있고, 고궁이나 관광지엔 관광차 찾아온 외국인들이 한복을 입고 사진을 찍는 모습을 어렵지 않게 볼 수 있습니다. 외국인을 만나는 일은 대도시나 관광지에서만 흔한 것이 아닙니다. 동해안과 남해안, 서해안의 아주 작은 항구에서도, 논과 밭 사이 외진 곳에 자리 잡은 작은 공장에서도 외국인은 흔하게 볼 수 있습니다. 다만 이들은 여행을 온 것이 아니라 일하러 온 사람들이죠. 외국인 노동자 혹은 이주노동자입니다. 우리나라의 외국인 노동자는 공식 통계로 84만 명이 넘고, 불법 체류 외국인까지 합하면 120만 명이 넘는 것으로 추산됩니다.

그런데 많은 사람들이 외국인 노동자 때문에 우리나라 사람들 일자리를 빼앗기고 있다고 이야기합니다. 사실일까요? 전혀 그렇지 않습니다. 우선 우리나라에서 취업한 사람 중 외국인 노동자 비율은 기껏해야 4% 수준입니다. 100명 중 4명입니다. 물론 20세기에는 이보다 훨씬 적었습니다. 하지만 2017년부터 2023년까지 외국인 노동자 비율은 항상 저 정도였고, 더 늘지 않습니다. 이유는 간단합니다. 외국인 노동자가 일을 하려면 우리나라 정부의 허가를 받아야 하기 때문입니다. 우리나라 정부는 외국인 노동자 비율이 일정하도록 조정하고 있지요.

그리고 두 번째로 저 4%에 해당하는 외국인 노동자 대부분은 우리나라 사람들이 취업하기 꺼려 하는 곳에서 일을 하고 있습니다. 외국인이 아니면 아무도 일하려 하지 않는 곳이죠. 예를 하나 들어보죠. 혹시 순댓국 좋아하시나요? 돼지뼈를 우려낸 국물에 순대와 돼지 머리 고기가 들어간 순댓국은 고깃국 중에선 상대적으로 저렴해서 많은 이들이 찾는 음식이지요. 이 순댓국을 먹고 싶을 때 먹을 수 있는 건 모두 외국인 노동자 덕분입니다. 도축장은 돼지나 소 같은 가축을 죽이고 1차 가공하는 곳입니다.

그곳에서 죽은 돼지의 머리와 내장을 처리하는 이들 대부분은 외국인 노동자입니다. 이들은 먼저 돼지 머리의 털을 제거합니다. 그리고 이것저것 다듬어 씻습니다. 그래야 삶을 수 있고, 삶아내야 자를 수 있습니다. 피가 흥건한 머리와 내장, 역한 냄새를 맡으며 아직 체온이 식지 않아 뜨거운 내장을 분리합니다. 간, 위장, 내장, 소장으로 나누고 물로 씻고, 정리하는 건 모두 외국인 노동자의 몫입니다. 왜냐고요? 우리나라 사람들은 위생

상태도 나쁘고, 일도 힘든데 임금도 최저임금 수준으로 주는 도축장에서 아무도 일을 하지 않기 때문입니다.

외국인 노동자 10명 중 7명은 직원 수가 30명 미만인 작은 공장에서 일합니다. 월 평균 200~300만 원을 받고 일합니다. 이런 곳은 항상 인력이 부족합니다. 2022년 공장에서 필요한데 고용하지 못한 인원이 6만 명에 가까웠습니다. 대부분 이유는 구직자가 기피하기 때문입니다. 규모가 작은 영세업체에선 대부분 최저임금에 가까운 임금을 지불하는데 복지 제도도 거의 없고 일은 힘듭니다. 앞서 예로 든 도축장처럼 말이지요. 그러니 일을 하려는 사람이 없습니다. 그런 곳에서 외국인 노동자가 일을 하는데 어떻게 내국인의 일자리를 뺏는 것이겠습니까? 오히려 사람이 없어 공장을 돌리지 못하는 곳에선 구세주와 같은 이들이지요.

그래도 공장은 농촌이나 어촌보다 낫습니다. 저는 EBS에서 방영하는 '극한 직업'이란 TV프로그램을 가끔 봅니다. 자주 등장하는 곳이 어선입니다. 철에 따라 지역에 따라 가자미, 멸치, 오징어, 주꾸미, 고등어 등 다양한 물고기를 잡는 어선에서 일하는 사람들을 보여 줍니다. 배를 타고 며칠 동안 하루 16시간씩 일하는 이들. 가장 위험한 그곳은 선장과 갑판장 정도를 제외하면 대부분은 외국인 노동자입니다. 양식장도 마찬가지입니다. 제주도 남쪽 해안 도로를 따라 걷다 보면 줄줄이 늘어선 양식장을 볼 수 있습니다. 그 주변에서 외국인 노동자를 만나는 건 아주 흔한 일입니다. 외국인 노동자가 없으면 고등어도 광어도 멸치도 없습니다.

농촌도 이주노동자가 대부분입니다. 경기도에서 주로 야채를 생산하는 채소 농장은 거대한 비닐하우스 단지입니다. 겨울에도 상추, 얼갈이배추, 시금치 등이 자라죠. 그곳에서도 일을 하는 이들은 외국인 노동자입니다. 늦가을부터 봄까지 제주에선 귤이나 황금향을 수확하고, 겨울무를 심고, 겨울무와 당근 등을 수확하는 모습을 자주 볼 수 있습니다. 그곳에서도 절반 가까이가 외국인 노동자입니다. 사실 농촌의 이주노동자는 우리나라에서도 가장 열악한 환경에서 일하고 있지요. 작물이 자라는 거대한 비닐하우스 옆 작은 비닐하우스에선 외국인 노동자들이 살고 있습니다. 그들이 없으면 채소도 없습니다.

하지만 그들의 근무 환경은 한국인이라면 절대로 일을 하지 않을 정도입니다. 2022년 겨울에는 그곳에 살던 캄보디아 출신 31세 여성 노동자 누온 속헹 씨가 영하 18도 한파 속에서 죽었습니다. 하루 12시간씩 일하는 날들이 비일비재합니다. 주 52시간 근무가 지켜지지 않지요. 속헹 씨가 살던 비닐하우스 내부는 곰팡이가 가득했다고 합니다. 쥐나 벌레가 드나들기도 하고, 겨울이면 수도가 어는 경우도 많습니다. 이들이 한국인의 일자리를 빼앗는 걸까요? 아니면 우리가 이들의 목숨을 빼앗는 걸까요?

다문화
가정

2년 전인가요? 제주에서 도보여행을 한 적이 있습니다. 해안 도로를 따라 걷다가 식사 때가 되면 주변의 음식점을 찾아 밥을 먹는데 아무래도 해안지역이다 보니 그 동네 '해녀의 집'에서 먹게 되는 경우가 잦더군요. 한 해녀의 집에선 저를 맞는 이가 동남아 출신으로 보이는 여성이었습니다. 그리고 다음 날 다른 해녀의 집에선 연변 말투를 쓰는 여성이 저를 맞더군요. 꼭 제주만의 일은 아닙니다. 강연을 하러 전국을 다니다 보면 특히 도시가 아닌 군 단위 지역에서는 식당에서 이주여성을 만나는 일이 아주 잦습니다.

이런 이주여성은 대부분 일을 하기 위해 취업 비자 등으로 들어온 이주노동자와 한국 남성과의 결혼으로 들어온 경우로 나눌 수 있습니다. 이렇게 한국인과 외국인이 결혼해서 이룬 가정을 다문화 가정이라고 하지요. 외국인 남성과 한국인 여성이 이룬 가정도 없는 것은 아니지만, 대부분 외국인 여성과 한국인 남성이 만나 이룬 가정입니다. 그런데 다문화 가정 대부분은 도시가 아닌 농어촌 지역에 있습니다.

다문화 초등학생 비율에 대해 조사한 자료가 있습니다. 이 자료에 따르면 초등학생 중 다문화 가정 출신이 가장 많은 곳은 전남 함평군이었고, 그 다음은 경북 영양군이었습니다. 그 다음을 전남 신안군, 전북 임실군, 전남 영양군, 충남 청양군, 경북 성주군, 전북 장수군, 전북 진안군, 경국 봉화군 등이 잇고 있습니다. 이들 지역은 다문화 가정 출신 초등학생들이 20%에서 17% 사이더군요. 즉 열 명 중 두 명은 다문화 가정 출신입니다. 거기다 초등학생 중 다문화 가정 출신이 10%를 넘는 곳을 살펴보면, 경기도 안산시 정도를 제외하면 모두 전라남북도와 경상남북도 충청남북도 강원도의 군지역이었습니다. 대부분 농사를 주로 짓고 해안가에선 어업도 좀 활발한 곳이죠.

왜 이런 곳에 다문화 가정이 많은 걸까요? 이유는 굉장히 간단합니다. 농사를 짓거나 배를 타고 고기를 잡거나 아니면 양식을 하는 한국 남성들이 '한국인 여성'과 결혼하기가 힘들기 때문입니다. 그래서 한국인 남성과 기꺼이 결혼하겠다는 우리나라보다 소득 수준이 낮은 아시아 국가의 여성들과 국제 결혼을 하지요. 그렇다면 이 여성들은 왜 한국인 남성과 결혼을 하는 걸까요? 사람에 따라 다르겠지만 대부분의 이런 결혼은 소개팅을 하든 아니면 친구의 소개든, 만나서 서로에게 호감을 느끼고 사랑이 싹 터서 이루어진 결과는 아닙니다. 짧게는 며칠 길게는 한두 달 국제결혼 전문업체의 소개로 이루어지죠. 이들 여성의 상당수는 한국에 와서 가정을 꾸리고 직업도 구하고 살면서 소득의 일부는 고향의 가족에게 보내겠다는 생각으로 결혼을 결심합니다.

그런데 농업이나 어업을 하는 남성들이 왜 한국인 여성과 결혼하기 힘든 걸까요? 이 또한 이유는 간단합니다. 소득은 낮고, 사는 지역은 문화적 기반이 없고, 일은 고되기 때문이죠. 더구나 이런 지역에는 아직 남녀 차별적 요소가 많이 남아 있어서 도시의 여성은 더더욱 꺼리게 되지요. 이런 사정은 이주여성이라고 다르지 않지요. 정작 결혼해서 한국에 들어오니 남편의 소득으로는 아이 한둘을 낳고 살기에도 어려운 경우가 많습니다. 그렇지 않더라도 남편의 소득만으로는 고향에 도움을 주기 힘든 상황이 대부분이죠.

결국 이들 다문화 가정의 대부분은 저소득층입니다. 더구나 남편과 아내의 나이 차이도 상당합니다. 남성들은 대부분 결혼 시기를 놓친 40대에서 50대이고, 여성들은 대부분 흔히 결혼 적령기라 부르는 20대에서 30대니까요. 열 살 이상 차이가 나는 경우가 대부분입니다. 이러니 낳은 아이가 초등학교를 입학할 때쯤이면 남편은 50대가 넘어가고, 고등학생이 될 무렵이면 이미 60대입니다.

그래서 다문화 가정의 이주여성들은 일을 하지 않을 수가 없습니다. 열심히 돈을 벌어야 가정도 꾸리고, 고향에도 송금을 하고, 아이가 컸을 때 그리고 남편이 더 이상 소득을 올리기 힘들 때도 버틸 수 있으니까요.

하지만 말도 잘 통하지 않는 외국에서 직업을 구하는 것도 쉽지 않습니다. 어떻게든 직업을 구하면 이제 육아가 문제입니다. 아이를 키우는 일도 소홀히 할 수 없으니까요. 하지만 말이 통하지 않으니 학교에 가도 선생님과 상담을 하기가 쉽지 않고, 여러 제도를 이용하는 것 또한 힘겹습니다. 더구나 같은 다문화 가정이 주변에 있다고 하더라도 출신 국가가 다르면 서로 쓰는 언어가

다르니 서로 도움이 되기도 힘들지요.

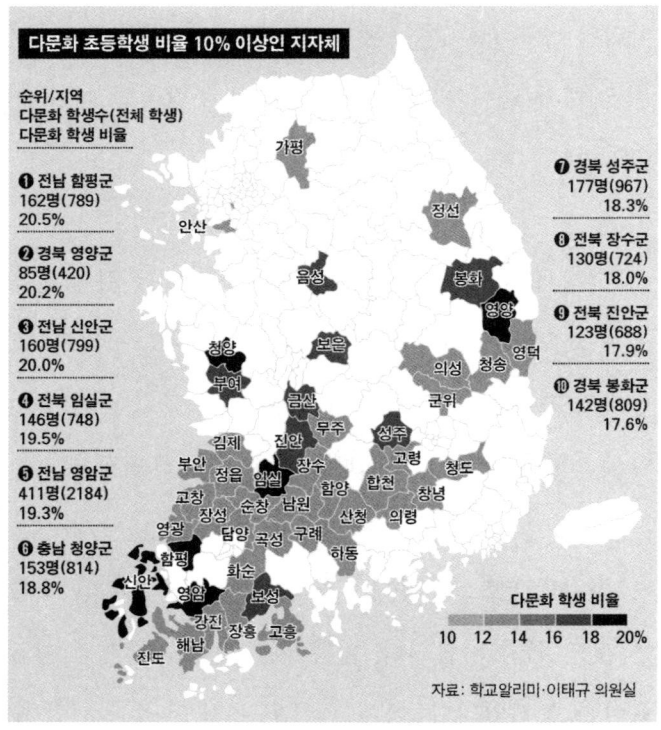

다문화 초등학생 비율 10% 이상인 지자체

순위/지역
다문화 학생수(전체 학생)
다문화 학생 비율

❶ 전남 함평군
162명(789)
20.5%

❷ 경북 영양군
85명(420)
20.2%

❸ 전남 신안군
160명(799)
20.0%

❹ 전북 임실군
146명(748)
19.5%

❺ 전남 영암군
411명(2184)
19.3%

❻ 충남 청양군
153명(814)
18.8%

❼ 경북 성주군
177명(967)
18.3%

❽ 전북 장수군
130명(724)
18.0%

❾ 전북 진안군
123명(688)
17.9%

❿ 경북 봉화군
142명(809)
17.6%

다문화 학생 비율
10 12 14 16 18 20%

자료: 학교알리미·이태규 의원실

이민에 대해

전년 대비 2022년 우리나라 인구는 총 19만명이 감소했습니다. 출산율이 낮아졌기 때문이지요. 여성 1명이 평생 동안 낳을 것으로 예상되는 평균 출생아 수를 합계출산율이라고 합니다. 태어나는 아이는 남녀 비율이 약 1:1입니다. 따라서 모든 여성이 아이를 두 명씩 낳아야 인구가 유지되겠지요. 그런데 실은 태어난 아이 중 결혼을 하지 않거나, 아이를 낳지 않는 경우가 있으니 실제로는 두 명을 조금 넘게 낳아야 인구가 유지됩니다. 하지만 우리나라 합계출산율은 21세기 들어 2.0 미만이고, 2021년 이후에는 0.8 정도밖에 되지 않습니다. 그래서 인구가 줄어들지요.

인구가 줄어드는 것만 문제는 아닙니다. 약 40년 전 우리나라 사람들을 나이로 쭉 세우면 가운데가 20대였습니다. (이를 중위연령이라고 합니다.) 그런데 2022년에는 44.9세로 높아졌습니다. 그만큼 나이 든 사람이 더 많아졌다는 거지요. 그런데 출산율이 낮으니 이 중위연령이 계속 올라갑니다. 2030년에는 약 50세가 됩니다. 중위연령이 높아진다는 것은 노인 인구가 많아진다는 거죠. 이렇게 전체 인구에서 노령층이 증가하면 일을 할 수 있는 사람이 줄어듭니다. 즉 인구도 줄고, 그중에서 한창 일할 나이의 사람은 더 줄어든다는 거죠.

이런 문제에 대한 해답으로 이민을 적극 장려해야 한다는 주장이 있습니다. 이민청을 새로 만들자는 이야기도 있지요. 실제로 우리보다 먼저 선진국이 된 유럽의 경우 20세기에 이미 출산율이 낮아졌습니다. 그래도 지금 인구 규모를 일정하게 유지하는 것은 이민으로 유입된 인구가 많았기 때문이지요. 그래서 유럽의 여러 나라를 돌아보면 흔히 생각하는 백인들만이 아니라 아프리카 사람이나 인도나 중동 등의 아시아 사람들도 꽤 많습니다.

하지만 우리나라는 아직까지 이민에 적극적이지 않습니다. 이는 외국과는 달리 역사적으로 외국인에게 문호를 적극적으로 개방한 경험이 없기 때문이고, 또 원래 한반도에 살았던 이들의 후손이 대부분이라 외국인이 우리와 같이 사는 것을 꺼리기 때문이기도 합니다. 특히 백인보다는 같은 아시아인이나 아프리카 출신 사람들에 대한 경계가 크지요.

외국인을 적극적으로 받아들이자는 주장에 대해 여러분은 어떻게 생각하시나요?

4
가난한 사람들

흔히 우리나라가 선진국이라고 할 때는 가장 중요한 지표로 1인당 소득이 3만 달러가 넘는 걸 내세웁니다. 3만 달러면 우리나라 돈으로 약 4천만 원 정도 되죠. 우리나라 가구당 평균 인원이 2.5명인 걸 감안하면 한 가정의 1년 소득이 평균 1억 원 정도 되는 거죠. 생각보다 엄청 많이 번다고 느끼는 분들이 많을 겁니다.

우리 집은 그 정도는 안 된다고 생각하는 분들이 이 책 독자들의 60~70%는 될 거예요. 왜냐면 실제로 1억 원 이상의 소득을 가진 가구는 우리나라 전체로 보면 20% 정도밖에 되질 않습니다. 이유는 아주 많이 버는 사람들이 평균을 끌어올렸기 때문이죠. 가령 20명인 반에서 수학 100점 받은 사람이 4명 정도 되면 반 평균이 확 올라가는 것과 비슷하죠. 그래서 실제 얼마나 버는가를 살피려면 중위소득을 주로 씁니다. 중위소득이란 우리나라 사람 전체를 소득으로 살펴봐서 딱 가운데 해당하는 사람

의 소득입니다. 이를 따지면 우리나라는 3인 가구 기준으로 대략 한 달에 400만 원, 연 4,800만 원 정도를 법니다.

가난을 통계적으로 이야기할 땐 상대적 빈곤층이라는 표현을 자주 씁니다. 중위소득의 50%가 되지 않는 소득만을 가진 가구들을 일컫습니다. 3인 가구 기준으로 한 달 수입이 200만 원이 되지 않는 경우인데, 우리나라의 경우 15% 정도가 이에 해당합니다. 조금 더 자세히 살펴보면 우리나라 가정 중 8%는 한 달 수입이 100만 원이 되질 않습니다. 또 우리나라 가정 중 20% 정도는 한 달 200만 원이 되질 않는 돈으로 생활해야 하죠. (1인 가구나 2인 가구의 경우 중위소득이 낮아 200만 원이라도 상대적 빈곤율에 해당되지 않는 경우가 있습니다. 그래서 상대적 빈곤율보다 200만 원 미만을 버는 사람들의 비율이 더 높습니다.)

그런데 여러분 주변을 돌아보면 이런 이들이 잘 보이질 않습니다. 왜냐하면 가난한 이들 중 상당수가 노인이기 때문입니다. 그것도 자녀들과 같이 사는 노인이 아니라 두 분이서 혹은 혼자서 사는 노인들입니다. 또 상당수는 1인 가구입니다. 청년이나 중장년 1인 가구가 21세기 들어 상당히 늘었는데 이들이 또 상대적 빈곤층의 많은 부분을 차지합니다. 그러니 이런 이들과 접촉할 기회가 적은 여러분들은 빈곤층의 삶에 대해 잘 모르는 경우가 많을 수밖에 없습니다.

하지만 보이지 않는다고 없는 것은 아니죠. 이들은 어떤 사정으로 일을 하지 못하기도 하고, 일을 하더라도 비정규직에 파트타임으로 일합니다. 소득이 적다는 것은 단순히 가난하다는 것만 의미하지는 않습니다. 이들 중 상당수는 자신만의 주거공간도 없는 경우입니다. 고시원에서 살고, 일터의 일부

공간에서 살고, 여인숙이나 쪽방에서 살며, 길거리에서 삽니다. 이들에 대해 아는 것은 단지 호기심이나 시혜의 의미만은 아닙니다. 엄연히 우리와 함께 사회를 구성하는 일원에 대한 책임이고 연대의 문제입니다.

일을 하지 못하는
사람들

SNS에서 가난한 아이들이 등장하는 공익광고를 자주 봅니다. "7살 ○○이는 5살 동생과 함께 오늘 저녁을 라면 하나로 해결합니다."라거나 "15살 00이는 생리대를 살 돈이 없어….", "8살 ○○이와 단 둘이 사는 78세의 할머니는 항상 ○○이가 어른이 될 때까지는 내가 살아있어야 하는데…." 같은 식이지요.

하지만 SNS가 아닌 나와 같은 반에서는 이런 친구를 발견하기 힘듭니다. 이유는 두 가지인데요, 하나는 이렇게 가난한 이들이 자신의 처지를 드러내지 않기 때문입니다. 옷만 보고는 잘 알 수가 없지요. 옛날과 달리 지금의 가난한 이들은 비싼 브랜드의 옷은 입지 못해도 깔끔하게는 입고 다니니까요. 그리고 자신의 가난을 자랑하지도 않지요. 집에서는 반찬도 없이 라면만 먹을지언정 학교에서야 급식을 같이 먹으니 굶는지 아닌지도 잘 모르고요. 또 다른 이유는 사는 곳이 다르기 때문입니다. 잘 사는 동네는 가난한 이들이 적고, 저소득층이 주로 사는 곳은 오래된 연립주택이나 다세대주택이 밀집한 곳입니다.

우리나라가 선진국이 된지 이제 10여 년이 되었습니다. 딱 언제라고 못박을 수는 없지만 대략 2010년 정도부터 선진국 대열에 합류했으니까요. 그러나 선진국이 되었다고 모두 여유로운 생활을 누리는 것은 아니지요. 우리나라의 경우 선진국 중에선 소득의 불평등이 꽤 높은 편입니다. 일단 통계를 통해서 이를 한 번 확인해 보죠.

소득 10분위라는 것이 있습니다. 우리나라 전국민을 소득에 따라 10%씩 나눈 것입니다. 가장 소득이 낮은 10%를 1분위라고 하고, 그 위 10%를 2분위, 다시 그 위 10%를 3분위, 이런 식으로 나누어 가장 소득이 높은 10%를 10분위라 부릅니다. 그런데 이렇게 나눌 때는 개인별이 아니라 가구를 기준으로 삼습니다. 아버지와 어머니가 돈을 벌어도 쓰는 건 우리 가족이 한 단위가 되어 쓰니까요.

그럼 가장 소득이 낮은 1분위는 얼마 정도의 소득이 있는 걸까요? 통계청의 '가계금융복지조사'에 따르면 2022년 소득 1분위의 경우 연간 소득이 647만 원에 불과합니다. 한 달에 50만 원 조금 넘는 소득이 있는 셈입니다. 바로 그 위인 소득 2분위는 연간 1,353만 원의 소득이 있습니다. 한 달에 100만 원 조금 넘는 돈이지요. 2025년 최저임금은 1시간에 10,030원입니다. 주중에 매일 8시간 일을 하면 한 달에 약 200만원을 벌 수 있습니다. * 그러니 한 달에 50만 원이나 100만 원을 버는 건 저 정도 일도 하지 못한다는 뜻입니다. 우리나라의 20%가 말이지요.

더구나 1분위의 경우 한 달 약 50만 원의 소득 중 근로소득, 즉 일을 해서 버는 돈은 10만 원이 채 되지 않습니다. 2분위의 경우도 50만 원이 되지 않습니다. 소득 중 가장 많은 부분을 차지하는 것은 공적이전소득**으로 1분위의 경우 한 달에 약 28만원이고, 2분위의 경우 약 34만 원입니다. 즉 1분위의 경우나 2분위의 경우 대부분 일을 하지 않거나 일을 하더라도 하루에 1~2시간 정도 일하는 데 그친다는 뜻이지요.

우린 대부분의 가정에서 어른 중 최소한 한 명 정도는 매일 회사에 가거나 아니면 자기 가게에서 일을 한다고 여깁니다. 하지만 앞서의 조사에 따르면 어른들 중

---

* 한달을 약 4.3주로 계산하고, 여기에 주휴 수당을 합친 금액입니다.

** 공적이전소득은 정부에서 제공하는 기초연금, 노인연금, 장애수당 등의 돈을 말합니다.

최소한 20%는 그 정도의 일도 하지 않는다는 건데 도대체 무슨 이유 때문일까요? 가장 큰 이유는 소득이 가장 낮은 20%에는 노인들이 아주 많기 때문입니다. 대부분의 직장은 60세 정도에 정년 퇴직을 합니다. 하지만 주변의 어른들을 보면 60세가 넘어도 일을 하는 이들이 많습니다. 원래의 직장에서 퇴직한 이후에도 다시 취업을 하거나 작은 가게를 열어 장사를 하지요. 이유는 여러 가지지만, 가장 중요하게는 아직 소득이 필요한 사람들이 많기 때문입니다. 하지만 70세가 넘어가면서는 차츰 일을 하지 않거나 하더라도 하루 2~3시간 정도만 하는 이들이 늘어납니다. 아무래도 나이가 드니 일을 하기 힘들고, 취업도 힘들기 때문입니다.

그래서 우리나라 은퇴연령은 대략 72세 정도입니다. 그런데 그 뒤로도 삶은 계속 이어지지요. 우리나라 평균 수명은 80살이 넘으니까요. 그 전까지 모아놓은 돈이 충분하다면 편안한 노후의 삶을 누릴 나이지만 그 정도 여유가 있는 노인들은 소수입니다. 다들 아껴 쓰고 아껴 쓰지만, 그래도 부족하죠. 정부에서 노령연금 등으로 지원하지만 생활을 꾸리기엔 충분하지 않습니다.

이동의 무게

우리나라에는 약 2500만 가구가 있습니다. 여기서 가구는 쉽게 말해 같이 사는 사람들의 집단을 가리킵니다. 대부분 가족과 비슷한 개념이지만 완전히 같지는 않습니다. 가령 첫째 딸이 취업을 해서 직장 근처에 방을 얻어 독립해서 살고 있다면 같은 가족인 것은 맞지만 가구로는 2가구가 되니까요. 또 가족은 아니지만 친한 친구와 둘이 집을 얻어 살고 있다면 한 가구로 칩니다.

어찌 되었든 약 2500만 가구가 사는 대한민국에선 약 80% 정도의 가구가 자가용을 가지고 있습니다. 자가

용만 따진 것이니 트럭이나 택시 등을 합치면 훨씬 더 많지요. 이렇게 차가 많다 보니 교통정책 등에서 자가용을 가지고 다니는 이들의 편의를 우선적으로 생각하는 경우가 많습니다. 하지만 이런 상황이 자기 차를 몰지 않는 이들에게는 불평등으로 다가오는 것 또한 사실입니다.

그럼 누가 차가 없을까요? 우선은 저소득층입니다. 자가용이 있는 경우 매달 꽤 많은 비용이 듭니다. 우선 차를 사야겠지요. 물론 비교적 싼 중고차를 살 수도 있고, 소형차를 살 수도 있습니다. 저소득층의 경우 목돈이 없으니 분납을 하는 방법을 택하게 됩니다. 가장 싸게 산다면 중고 소형차를 매달 30만 원 정도 1년 간 내는 조건으로 구입할 수 있습니다.

그 다음으로 차량 유지비가 매달 들어갑니다. 먼저 연료비가 들지요. 휘발유든 디젤이든 기름을 사서 넣어야 움직이니까요. 1년에 한 번 자동차세도 내야 합니다. 그리고 보험료가 듭니다. 이것도 무조건 들어야 하지요.

여기에 타이어, 엔진 오일이나 냉각수 등 소모품을 교체해주고 점검을 받는 것도 비용에 넣어야 합니다. 이런 것을 모두 고려하면 우리나라의 경우 소형차라도 매달 15만원 정도는 들어간다고 봐야죠.

결국 가장 싼 중고 소형차를 12개월 분납으로 구입하는 경우 매달 50만 원 가까운 돈이 차량 구입과 유지 비용으로 들어갑니다. 그런데 앞서 살펴본 것처럼 우리나라에서 소득이 가장 낮은 20%는 월 수입이 50~150만 원 정도밖에 되지 않습니다. 그러니 차를 보유하는 것은 거의 불가능에 가깝지요.

그리고 또 차가 없는 사람들이 있습니다. 우리나라 가구 중 차를 2대 이상 가진 이들은 전체의 15% 정도밖에 되지 않습니다. 즉 대부분 한 가구에 차 한 대라는 거죠. 그렇다면 대부분 아빠가 차를 몰고 회사를 가면 나머지 가족은 차를 이용할 수 없습니다. 이렇게 따지면 우리나라 사람 중 자가용을 이용하지 못하는 이들은 전

체의 70%가 넘습니다. 이들은 모두 대중교통을 이용해
야지요.

그럼 누가 자가용을 이용할 수 없을까요? 이미 답은
나와 있습니다. 아동과 청소년은 대부분 자가용의 혜택
을 보기 힘들죠. 학교를 가고 학원을 가는 일, 친구를 만
날 때 모두 버스나 지하철을 이용하는 거죠. 또 여성입
니다. 우리나라 차량 소유주의 70%는 남성입니다. 아빠
가 차를 타고 회사를 가고 나면 엄마는 대중교통을 이용
할 수밖에 없습니다.

특히 도시보다 농어촌 지역은 이들처럼 차가 없는
사람들이 더 힘듭니다. 서울에 사는 저는 약속이 있어
서울의 다른 곳을 갈 때 지하철이나 버스를 이용합니다.
대부분의 경우 목적지로 가는 버스나 지하철은 4~5분
만 기다리면 옵니다. 귀찮긴 해도 한두 번 갈아타면 대
개 1시간 남짓이면 도착합니다. 하지만 서울을 벗어나
면 사정이 다릅니다. 도시는 조금 낫습니다. 광역시나

경기도의 제법 큰 도시들은 도심지나 주변을 가는 버스들이 대략 20분 여를 기다리면 오고, 30분 정도면 웬만한 버스는 오죠.

그러나 읍이나 면지역으로 가면 사정이 달라집니다. 특히 면지역은 지하철이 없어 버스가 유일한 이동 수단인데, 1시간 정도 기다려야 되는 건 오히려 빠르죠. 전에 제가 전라도의 한 중학교에 가서 강연을 하는데 그곳 학생의 소원 중 하나가 읍에 있는 학원을 다니는 거라고 하더군요. 면에는 학원이 없으니 영어나 수학 등을 따로 배우려면 읍에 있는 학원에 가야 하는데 대중교통으로는 이용이 불가능합니다. 면에서 읍으로 가는 버스가 오후 6시가 되면 끊기기 때문입니다. 또 충청북도 괴산군의 어느 초등학교에 강연을 하러 갔을 때 놀랐던 기억도 납니다. 그 면에 초등학교가 딱 하나 있는데 전교생이 20명 남짓이었습니다. 그런데 스쿨버스를 3대나 운영하는 겁니다. 20명이 면의 곳곳에 흩어져 있는데 그 면의 면적이 거의 서울의 구 한두 군데를 합친 정도입니다. 그러니 스쿨버스 하나로는 시간 안에 모두 태울 수가 없는 거죠. 그리고 일반 버스로도 다니기는 불가능에 가깝고요. 이런 사정은 농촌의 여성 노인들도 마찬가지입니다. 여성 노인들은 대부분 자가용이 없으니 버스로 이동해야 하는데 하루에 많아야 서너 대가 오는 경우가 꽤 되니 대중교통 이용이 쉽지 않은 일이지요.

또 하나, 장애인의 경우도 문제가 꽤 됩니다. 중증 장애인은 스스로 운전을 할 수 없는 경우가 많습니다. 또 장애인이 있는 가족들의 경우 비장애인에 비해 소득이 낮은 경우도 많고요. 그러니 이들이 어딘가로 가기 위해선 사투를 벌이게 됩니다. 그나마 서울이나 광역시의 경우는 전동휠체어를 타는 장애인을 위한 저상버스도 있고, 지하철역마다 엘리베이터가 있어 이용이 가능합니다만 이런 곳을 제외하면 대중교통을 이용할 수가 없습니다. 전국의 고속버스 중 전동휠체어를 타고 이용할 수 있는 곳은 전국 노선 중 단 두 곳뿐입니다. 그리고 시외버스나 읍, 면단위의 버스는 아예 없습니다.

편히 쉴 곳을
가진다는 것

요사이 1인 가구가 늘고 있다는 뉴스를 본 적이 있을 거예요. 우리나라 전체 가구 중 약 35%가 1인 가구, 즉 혼자 사는 이들입니다. 이유는 여러 가지겠죠. 우선 떠오르는 건 다른 지역의 대학이나 직장에 다녀야 하는 경우죠. 여러분 주변에도 이런 사람들이 꽤 있을 거예요.

두 번째는 뭘까요? 이 또한 여러분 주변에서 흔하게 볼 수 있는데 바로 할아버지, 할머니들입니다. 20세기에는 3대가 같이 사는 것이 자연스러웠는데 요사이에는 할아버지 할머니가 같은 집에 사는 경우가 오히려 드물죠. 통계에 따르면 65세 이상의 노인들 중 자녀들과 같이 사는 비율은 25% 정도밖에 되지 않습니다. 75%는 따로 살죠. 이렇게 따로 사는 노인 부부 중 한 분이 돌아가시면 나머지 한 분은 1인 가구가 됩니다. 지금은 1인 가구 중 20대나 30대가 더 많지만 앞으로는 노인들이 전체 1인 가구의 30% 이상을 차지하게 될 거예요.

앞서 이야기한 것처럼 꽤 많은 노인이 가난합니다. 우리나라 전체 인구 중 빈곤층은 15~16% 정도인데 노인들의 경우는 57% 가량 됩니다. 즉 절반 이상이 빈곤층인 거지요. 가난한데 혼자 살아야 한다는 건 아주 힘듭니다. 거기다 소득이 높은 경우는 3대가 같이 사는 비율이 더 높아요. 반대로 가난하면 자녀와 떨어져 사는 비율이 더 높다는 거지요. 이유는 가난하다 보니 같이 살 만큼 집이 크지 않고, 방도 부족하기 때문입니다. 할아버지 할머니 방 하나, 아빠 엄마가 지내는 안방, 그리고 자녀들이 있는 방 둘, 이렇게 생각하면 방이 4개나 되어야 하는데 이런 큰 집은 비싸서 소득이 낮은 경우는 할아버지 할머니가 독립하는 경우가 많습니다.

이렇게 독립한 노인들은 좋은 주거 환경을 갖기 어렵습니다. 당장 월세를 내려고 하더라도 아파트나 신형 주택의 경우 너무 비싸기 때문이죠. 한 달에 100만 원 정도의 생활비밖에 없는데 월세가 50~60만 원씩 나가면 감당이 되질 않지요. 그래서 월세가 싼 곳으로 가다 보니 주로 낡은 다세대주택의 원룸이나 반지하에 세들어 사는 경우가 많습니다. 이런 곳에 살더라도 사실 월세는 큰 부담입니다. 서울의 경우 아무리 싸도 한 달에 30만 원 정도는 내야 하는데, 부부가 같이 살든 아니면 혼자 살든 100만 원 내외의 소득에서 월세를 제하면 생활비가 너무 빠듯하지요.

노인만의 문제는 아닙니다. 소득이 낮은 청년들 중 많은 사람들이 고시원에 삽니다. 우리나라 전체를 따지면 고시원에 사는 사람들은 약 30만 명 정도 된다고 해요. 그런데 그중 70% 이상은 고시 공부나 공무원 시험

공부를 하기 위해서가 아니라 일반적인 주택에서 방을 구하기가 힘들기 때문입니다. 고시원은 대부분 서울과 경기도의 서울 부근 도시, 그리고 광역시 등에 있습니다. 또 이런 곳들은 청년들이 직장을 구하고, 대학을 다니기 위해 거주하는 장소이기도 하죠. 그런데 직장을 다니든 대학을 다니든 이런 도시에서 깨끗한 주택의 원룸을 구하려면 30~40만 원 정도가 월세로 나갑니다. 여기에 인터넷 비용, 전기요금, 가스요금, 수도요금 등등을 추가로 부담하면 한 달에 50만 원 가까운 돈이 주거비용으로 나갑니다. 하지만 고시원에 살면 전기, 가스, 수도, 인터넷 비용이 따로 나가지 않으니 훨씬 싸지요.

대신 고시원은 주거 환경이 아주 나쁩니다. 여러분이 지내는 방의 절반 정도가 전부예요. 작은 침대 하나, 침대 발치에 컴퓨터를 놓을 수 있는 작은 공간과 그 아래 소형 냉장고, 그리고 침대 옆쪽의 붙박이장 정도를 제외하면 여유 공간이 전혀 없습니다. 거기다 창문이 없는 곳이 대부분이고, 작은 창문이라도 있으면 더 비쌉니

다. 샤워 시설이나 화장실은 한 층에 하나 정도씩 있는
데 그 층에 있는 열댓 명에서 수십 명의 사람이 같이 이
용하지요. 또 방음시설이 부실해서 옆 방에서 과자 먹는
소리도 다 들립니다. 공용부엌이 있지만 라면 정도 끓이
는 것 말고는 음식을 조리하기도 힘들죠.

고시원 말고도 집이 없는 사람들이 있습니다. 중국
집이나 음식점의 주방 한쪽 공간에 합판 등으로 작은 방
을 만들어 거기서 먹고 자는 사람들도 있고, 카센터나
주유소 건물의 한쪽에 사는 사람도 있어요. 또 농촌에
선 축산 시설이나 농장 한쪽에 컨테이너 박스나 비닐하
우스 등으로 만든 간이 시설에서 생활하는 농업노동자
도 있습니다. 지방 농공단지의 작은 공장에서 일하는 이
들 중에서도 공장 한편에 마련된 컨테이너 박스나 임시
시설에서 살면서 그 공장에서 일하는 노동자들도 있고
요. 이렇게 일터의 일부 공간에서 사는 이들이 10만 명
이 넘습니다.

그리고 전국에 약 1만 4천여 명의 노숙자들이 있습니다. 그렇게나 많냐구요? 거리에서 노숙하는 이들은 대략 1600명 내외입니다만, 그 외에 쪽방에 사는 이들이 5천 명이 넘고 요양시설이나 재활시설 등에 있는 이들이 7천 여명 있습니다. 그리고 여인숙이나 모텔에서 사는 이들도 3만 명 남짓 됩니다. 고시원이나 일터의 일부 공간, 여인숙이나 모텔 그리고 쪽방과 노숙까지 자기 집이 없이 주택도 아닌 곳에 사는 이들이 30만 명이 넘습니다.

가난한 사람들의 권리

옛 속담 중에 "가난 구제는 나라도 못한다."는 말이 있습니다. 하지만 정말 그렇다면 그런 나라는 왜 있는 거냐고 반문하고 싶습니다. 국가가 존재하는 이유, 정부를 꾸리는 이유 중 가장 중요한 것이 시민들의 기본권을 지키고 확보하는 일이라 여기기 때문입니다.

어떤 이는 자발적으로 가난을 선택할 수도 있지만 대부분 가난은 선택이 아닙니다. 부모가 가난해서(사실 이것이 가장 큰 이유입니다만), 장애가 있어서, 사고를 당해서, 사기를 맞아서 등등 자발적인 이유가 아니라 어쩔 수 없는 결과인 경우가 거의 다죠. 또 상대적 빈곤은 언제나 존재할 수밖에 없습니다. 돈을 잘 버는 사람과 돈을 못 버는 사람의 차이는 있을 수 있지요. 하지만 가난하다고 기본권까지 가난할 수는 없습니다.

우리는 기본권이라고 하면 평등권, 자유권, 참정권, 사회권 등을 떠올립니다. 사회시간에 배우는 것들이죠. 그중 사회권은 국가에 대해 개인이 인간다운 생활을 보장하라고 요구할 권리를 말합니다. 이런 사회권에는 노동권, 환경권, 교육권 등이 있는데 가장 중요한 권리 중 하나가 인간다운 생활을 할 권리입니다. 인간다운 생활이 보장되려면 무엇이 필요할까요?

장애인도 노인도 자기를 필요로 하고, 자기가 필요한 곳으로 이동할 권리가 인간다운 생활을 보장하는 데 필수적이지 않을까요? 이들의 이동권을 보장하기 위해 국가는 어떤 정책을 펼쳐야 할까요?

또한 누구나 아무리 가난하고 돈이 없어도 자신만의 안전하고 편안한 주거 공간을 가지는 것 또한 기본권이 아닐까요? 돈이 없다고 지하철역에서, 공원에서 자야 한다면 같은 사회에 사는 사람으로서 국가가 자신의 책임을 방기하는 것은 아닐까요?

그리고 누구나 아무리 돈이 없어도 굶거나 하루 세 끼를 모두 라면으로 때워야 한다면 이 또한 문제가 되겠지요. 평생 힘들게 살아온 노인들이 말년에도 폐지를 주우러 나가야 하는 사회가 정상적인 걸까요?

5

잘 보이지 않는
불평등

　불평등은 구체적입니다. 아주 사소한 곳에서 드
러납니다. 하지만 그 뿌리는 아주 깊고 오래된 것들
이기도 합니다. 그래서 보통의 경우 그 불평등함이
잘 드러나지 않다가 우연히 나에게 닥치는 경우가
있습니다. 이런 잘 보이지 않는 불평등에 대해 이야
기해 보고 싶습니다.

　가령 가장 평등하다고 여기는 법조차 어떤 경우
에는 불평등합니다. 누군가 애초에 자신들에게 유
리하도록 법을 만든 경우도 있습니다. 대표적인 것
이 노동과 관련된 법입니다. 노동법은 기업주 혹은
사용주와 노동자 사이의 관계와, 각자의 권리와 그
행사에 관한 법률인데 노동자보다는 사용주 입장
에 치우친 조항들이 많습니다. 물론 이전보다는 훨
씬 공정하게 고쳐진 부분도 있지만 아직도 불공평
한 부분이 많이 남아 있죠. 법이 가진 또 하나의 불
평등은 실행 과정에서의 불평등입니다. 간단히 말

하자면 법의 자유와 법의 권리를 누리기 위해선 비용이 많이 들기 때문이죠.

또 하나 잘 보이지 않는 불평등은 교육에서의 불평등입니다. 물론 여러분은 당사자니 잘 보인다고 여길 수도 있습니다. 하지만 같은 또래와 비슷한 환경에서 생활하다 보면 친구들 사정이 다 자기와 비슷하다고 여길 수 있지요. 그러나 교육의 불평등은 생각보다 오래되었고 완고하며 튼튼합니다. 어릴 때부터 쌓인 사교육의 힘은 크고 대학 입시에서 그 결과가 또렷하게 드러나고 있죠. 그리고 이런 차이는 부유함과 가난함이 대물림되도록 만드는 중요한 요인이기도 합니다.

산업재해의 불평등 또한 마찬가지입니다. 이 또한 잘 보이지 않습니다. 직접 닥쳐본 당사자가 아니면 모르죠. 하지만 통계를 보면 일하다가 다치고 죽

는 경우는 사무직보다는 생산직에서, 그리고 건설업이나 운송업에서 더 많습니다. 그리고 대기업보다 중소기업에서 많고, 정규직보다 비정규직에서 많습니다. 소득도 더 낮고 더 험하고 일도 힘든데 더 위험하기까지 합니다. 노동에서의 불평등은 이렇듯 소득에서만이 아니라 다양한 영역에 자리 잡고 있음을 살펴봤으면 합니다.

법은 평등한가

법 앞에 만인은 평등하다고 합니다. 그런데 정말 그럴까요? 어떤 이들은 '유전무죄, 무전유죄'라고 돈이 있으면 잘못을 저질러도 피해 갈 수 있지만 돈이 없으면 그게 바로 죄가 된다고 합니다. 이유는 법이 법전의 문구로만 존재하지 않기 때문입니다. 법을 만드는 이들이 있고, 법을 집행하는 이들이 있으며, 법을 판단하는 이들, 그리고 법을 해석하는 이들이 함께 모여 거대한 법이 됩니다. 그리고 이들은 돈과 권력을 가진 이들에게 '합법'이라는 면죄부를 줍니다.

그래서 많은 기업들이 무노조 경영을 했고, 노조를 만들려는 이들을 사찰하고 부당해고 합니다. 아무리 노동자가 노동법을 지키라고 해도 소용없었습니다. 법은 법전에만 있지 않고 공공연히 기업의 편에 서는 노동부의 유권 해석에 있었고, 또한 기업 경영주들의 사정만 봐줘서 이들을 기소하지 않고 약식 벌금만 매기는 검찰에 있었고, 기업의 편에 서는 전관예우*와 대형 법률 사무소에 있었기 때문이지요. 그래서 노동자가 노동조합을 만들려면 해고를 각오해야 합니다.

기업이 정규직을 해고하고 하청에 비정규직으로 그 자리를 채우는 일은 지금도 빈번합니다. 비정규직이 고소를 하고, 대법원까지 가서 정규직이 되어야 한다고 합

---

* 　전관예우(前官禮遇)란 전직 관리에 대한 예우를 뜻합니다. 오늘날엔 고위 공직에 있었던 인물이 퇴임 후 기존 업무와 연관된 기업 등에 들어간 뒤 전관의 지위를 이용하여 부당한 이익을 얻는 것을 의미하는데, 법원에서 판사로 일했던 사람이 퇴직 후 변호사가 되어 자신이 일했던 법원에서 재판을 진행하는 경우에도 해당됩니다.

법 판정을 받아도 기업은 차라리 벌금을 내겠다며 깔아 뭉개지요. 그들에게 법은 법조문이나 판결문이 아니라 얼마 되지 않는 벌금으로 무마할 수 있는 별거 아닌 것이었습니다.

회사 사장이 노동조합에 맞설 용역을 고용하고, 그 용역이 공장 정문 앞에서 노동자들을 자동차로 깔아뭉개던 그 자리에 고용노동부 사람들과 경찰이 있어도 사장이 무사한 것도 이런 법 때문이지요.

어떤 지역이 힙하다고 소문이 나고 사람들이 몰리면 그 지역의 건물을 구입하고, 건물의 일부를 임대해 이제껏 장사하던 가게에게 재건축을 하겠다고 나가라고 해도 합법이었고, 월세를 두 배 세 배로 올려 받아도 합법이었습니다. 나가지 못하겠다고 버티는 세입자를 용역을 고용해서 끌어내고, 밤에 몰래 들어가 집기를 부수어도 약간의 벌금을 내면 되었습니다. 벌금이란 돈으로 법을 사는 것이지요.

두 사람이 같이 근무를 서야 하는 자리에 한 사람만 세웠다가 그 사람이 사고를 당해 죽어도, 벌금 조금 내고 반성문 쓰면, 그리고 직원 한두 명 징계를 내리면 다시 합법이 됩니다. 산재 예방은 포스터와 작업복에만 써 있을 뿐이었습니다.

우리가 아무리 법전을 들고 달려들어도, 경찰이 노동부가 검찰이 법원이 모두 합법이라고 하니 언제나 합법입니다. 그리고 그 법에 어긋나서 파업을 하면 잡혀가고, 시위를 하면 끌려가고, 징역을 살고 벌금을 두들겨 맞고, 차압을 당합니다. 노동자는 불법이니까요. 법이 정한 규칙에 따라 사업장을 임대해서 장사를 하다가 재건축을 한다고 나가라고 해서, 월세를 내고 살던 집에서 쫓겨날 위기에 처해 집회를 하고 농성을 하면, 철거를 방해했다고 구속됩니다. 철거민은 불법이니까요.

물론 20세기에 비해 21세기는 조금씩 더 나아집니다. 중대재해처벌법이 제정되어 심각한 산업재해 사고가 나면 기업주가 처벌을 받게 되었고, 임대차 보호법은 임대인들의 권리를 더 강화하는 방향으로 바뀌었습니다.

하지만 아직도 법은 여전히 기울어진 운동장의 모습을 많이 가지고 있습니다. 가난한 사람들은 억울한 일을 당해도 비싼 수임료 때문에 변호사의 도움을 받기 힘들죠. 노동자는 여전히 기업주에 비해 불리한 조건에서 노동조합을 만드는 일조차 힘겹습니다. 모든 사람이 법 앞에 평등하기 위해서는 법조문을 고치는 것도 중요하지만 그 법을 운영하는 주체가 공정해야 하지요. 또 법의 혜택을 평등하게 누릴 수 있는 정책 또한 필요합니다.

교육과
불평등

　수학능력시험에서 유일하게 만점을 받은 학생과 가장 높은 점수를 받은 학생이 모두 같은 학원에서 재수한 것이 화제가 되었습니다. 그리고 그 학원을 다니려면 한 달에 300만 원이 든다는 사실이 또 화제가 되었습니다. 어떤 입시 컨설턴트는 재수를 하려면 1년 동안 4,000만 원 정도 든다고 합니다. 그런데 우리나라 가정 중 절반은 한 달 버는 총수입이 300만 원이 되질 않습니다. 돈이 없으면 공부도 못한다는 말이 저절로 나올 수밖에 없는 실정이지요.

사실 왜 꼭 서울대나 흔히 말하는 명문대를 가야 하는가에 대한 근본적 의문이 들어야 정상입니다. 왜 내가 사는 곳에서 가까운 대학에 가면 안 되는지, 내가 배우고 싶은 학문을 가르치는 대학에 가면 안 되는지 사실은 모두 알고 있습니다. 좋은 회사에 들어가려면 흔히 말하는 명문대를 나와야 하기 때문이지요. 매년 수많은 사람들이 대학을 졸업하고 대기업에 들어가려 하지만 실제 취업에 성공하는 이들은 대부분 서울에 있는 명문대 출신이라는 걸 이미 알고 있습니다. 300인 이상 대기업 신입사원의 출신학교를 조사했을 때, 흔히 말하는 10대 명문대나 15대 명문대 출신이 3분의 2 이상인 건 공공연한 사실입니다. 그러니 다들 명문대를 들어가려고 목을 매는 거지요.

그리고 조금 범위를 넓혀 웬만한 중견회사에 들어가려면 적어도 서울에 있는 4년제를 나오는 것이 대단히 유리하다는 것 또한 이미 잘 알려진 사실입니다. 그러니 서울을 제외한 지방에 있는 대학은 몇몇 국립대를 제외하면 입학정원을 채우는 것도 힘듭니다. 그리고 젊은이들이 다들 서울에 있는 대학으로 진학하려는 것 또한 수도권 집중을 일으키는 이유 중 하나이기도 하고요.

　명문대를 나와야만 좋은 회사에 입사할 수 있다는 문제를 살짝 제치고 또 다른 불평등을 생각해 봅니다. 대학에 입학하는 방법은 크게 두 가지입니다. 하나는 수능시험을 잘 보는 것이고, 다른 하나는 수시로 입학하는 것이지요. 수시로 입학하는 데는 고등학교 때의 성적과 기타 생활기록부 등의 항목이 중요합니다. 그런데 수능 성적이 좋은 학생들이 전국의 모든 고등학교에 골고루 퍼져 있을까요? 그렇지 않습니다. 가령 같은 서울이라도 중랑구나 강북구 같은 경우 구 안의 공립고등학교를 모두 합쳐도 수능 점수로 서울대를 가는 학생은 한 해에 한 명이 될까 말까 합니다. 지방도 마찬가지여서 중소 도시 한 곳의 공립고등학교 모두를 합쳐서 한 해에 한 명 정도나 서울대에 진학하죠. 대신 지역균형선발이라고 해서 각 지역별로 할당된 수시 모집을 통해서 겨우

학교당 한두 명이 서울대에 합격합니다.

반면 서울대에 수능 성적으로 합격하는 학생들 중 절반 이상이 특목고와 서울 강남의 명문고 출신입니다. 이런 학교에선 한 해에도 수십 명을 수능 성적으로 서울대에 보냅니다. 무엇이 이들을 이렇게 특별하게 할까요? 먼저 드는 생각은 원래 공부 잘하던 학생들이 이들 고등학교에 가기 때문이 아닐까 하는 것이죠. 일단 특목고의 경우 원래 중학교 때부터 공부를 잘하던 학생이 지원을 하니 이유 중 하나가 됩니다. 하지만 강남의 명문고는 해당 지역 이외의 학생들이 지원할 수 없는데도 이런 성과(?)를 내지요. 좀 더 들여다보면 사실은 부모의 재력이 큰 몫을 하고 있다는 걸 알 수 있습니다.

물론 가난한 집에서도 공부 잘하는 친구들이 나오기 마련입니다. 하지만 실제 통계를 보면 부모의 재산과 소득이 많을수록 자녀의 성적이 높다는 걸 알 수 있습니다. 앞서 이야기한 것처럼 2023년 수능 만점자는 재수

1년 동안 매달 300만 원씩 드는 학원비를 지불했습니다. 3,600만 원이지요. 이런 비용을 지불하려면 부모님의 소득이 1년에 1억 원 가까이 되어야 가능합니다. 우리나라 가구 전체에서 약 20% 이내의 고소득층이죠.

자녀 교육에 대한 투자 차이는 아주 어려서부터 나타납니다. 보통 부모의 소득이 한 달에 300만 원이 되지 않는 소득 하위 50%의 경우 어려서는 어린이집을 그리고 태권도장이나 피아노 학원 정도를 다니고, 조금 더 크면 동네 속셈 학원 등을 다니죠. 공부방을 다니기도 하고요. 그리고 중학생이나 고등학생이 되면 인터넷 강의를 듣거나 역시 동네의 고만고만한 학원에서 한 달에 15만 원에서 40만 원 정도의 비용을 지불하고 다닙니다.

반면 한 달에 1천만 원 이상의 소득이 있는 부모의 경우 자녀들의 교육에 투자하는 방법도 방식도 다릅니다. 어려서는 한 달에 100만 원이 넘는 영어유치원에 다니고, 초등학교 때 방학을 이용해서 어학연수를 가거나 아예 1년 정도 살다 돌아오기도 합니다. 또 문해력이 중요하니 어려서부터 논술이나 독서지도 등을 과외나 두셋 정도 그룹으로 하기도 합니다. 중학교나 고등학교에 진학해서도 과목별로 따로 과외를 받거나 단과학원을 다니는데 그 비용이 매달 100만 원을 넘는 경우가 꽤 많습니다. 초등학교 때 영어를 어느 정도 마쳤고, 문해력도 길렀으니 기본이 탄탄한데다, 자신의 특성에 맞춰 수학과 국어, 과학 등을 개별 지도 받게 되니 자연히 학력 수준이 높아질 수밖에 없습니다.

그 결과가 어떻게 나타날까요? 우리나라 의대 신입생의 부모 연소득은 평균이 1억 원이었습니다.

산업재해에 대해

　이런 불평등은 단지 소득만의 문제가 아닙니다. 산업재해를 한 번 보도록 하죠. 우리나라는 선진국 중 산업재해 발생률이 아주 높은 편입니다. 물론 20세기에 비해 21세기는 재해율이 낮아지기는 했지만 그래도 아직 많이 높은 편이지요. 우리나라 재해율은 2023년 기준으로 100명당 0.66명입니다. 즉 한 해에 200명 당 1명 조금 넘는 사람들이 다친다는 것이죠. 이런 산업재해로 인한 사망률은 1만명당 0.43명입니다. 다른 선진국을 예로 들면 사망률이 비교적 높은 미국이 0.37명이고,

일본이나 독일은 0.15명, 0.14명에 불과합니다. 영국은 더 적어 0.04명입니다.

그런데 이런 산업재해에도 불평등이 존재합니다. 우선 앞서 살펴본 것처럼 다른 선진국에 비해 산업재해로 인한 사망률이 높다는 것이죠. 아직 우리나라 기업이 산업 안전에 대해 외국보다 소홀한 측면이 많기 때문입니다. 가령 빵을 만드는 공장에서 밀가루와 소금, 버터 등을 섞어주는 기계가 있습니다. 기계에 재료를 투입하는 건 노동자가 하죠. 한 사람이 재료를 투입할 때 일단 기계를 멈추고 동료가 옆에서 이 과정을 살핍니다. 혹시라도 사고가 생기면 조치를 취하기 위해서죠.

하지만 기계를 멈추고 다시 켜면 기계를 계속 작동시키는 것에 비해 시간이 더 걸립니다. 또 2인 1조로 일을 하면 혼자 할 때보다 인력이 더 필요하죠. 이런 이유로 혼자 작업을 하고, 기계를 멈추지도 않습니다. 실제로 2021년에도, 2024년에도, 2025년에도 이렇게 작업하다가 사람이 기계에 빨려 들어가서 죽은 사건이 발생

했습니다.

두 번째 불평등은 대기업과 중소기업 사이에 나타납니다. 재해율은 항상 대기업보다 중소기업이 높습니다. 그리고 같은 중소기업 중에서도 고용인원이 100~300명 정도 되는 비교적 규모가 큰 기업보다 50인 이하 사업장의 재해율이 더 높죠. 앞서 재해율이 0.65명이라고 했는데요, 50인 이상 사업장의 경우 0.42명인데 비해 50인 이하는 0.89로 두 배가 넘습니다. 이유는 몇 가지가 있습니다. 우선 대기업의 경우 상대적으로 공장에 안전장치가 잘 갖추어져 있는 반면 중소기업은 안전장치가 미흡하기 때문입니다. 작은 기업의 경우 비용이 많이 드는 안전장치에 투자를 덜 하기 때문이죠. 또 하나 대기업의 경우 안전 규칙을 비교적 잘 지키는데 반해 작은 기업일수록 안전 규칙을 지키지 않는 경우가 더 많기 때문이죠.

이는 대기업을 운영하는 이들이 더 양심적이고 중소기업을 운영하는 사람들이 덜 양심적이기 때문은 아닙니다. 대기업의 경우 산업재해로 인한 사망 문제가 발생하면 중소기업에 비해 사회적 비난도 크다는 점이 있고, 또 다르게는 노동조합이 존재하는 경우가 더 많기 때문입니다. 노동조합이 있는 사업장은 그렇지 않은 사업장에 비해 재해율이 낮습니다. 노동자들이 조합을 통해 안전장치 설치와 안전 규칙 준수를 요구하고 기업도 눈치를 볼 수밖에 없기 때문이죠.

하지만 작은 기업은 노동조합이 드물고 그에 따라 기업주의 마음에 따라 안전장비 설치가 좌우될 수밖에 없습니다. 또한 대기업은 이익이 높다보니 안전장비를 설치하고 안전 규칙을 지키는 데 큰 부담이 없는 반면 중소기업은 이익률이 낮다 보니 일어나는 현상이기도 합니다. 하지만 아무리 이익이 적다고 하더라도 안전을 무시할 이유가 될 순 없지요.

세 번째 불평등은 정규직과 비정규직 사이에서 나타납니다. 2005년 기준으로 제조업의 정규직 노동자는 사망만인율이 0.25명인데 반해 비정규직 노동자는 1.57

명으로 6배 이상 높습니다. 제조업이 아닌 경우도 정규직은 0.45명인데 반해 비정규직은 4.77명으로 10배 이상 높게 나타납니다. 비정규직이 정규직에 비해 산업재해로 인한 사망률이 훨씬 높은 이유는 무엇일까요? 이또한 중소기업이 대기업보다 산업 재해가 많이 발생하는 것과 비슷합니다. 비정규직은 정규직에 비해 노동조합 조직률이 훨씬 낮습니다. 그러니 기업 측에 맞서 안전을 요구할 힘이 많이 부족할 수밖에 없지요. 거기다 비정규직의 경우 정규직에 비해 위험한 일에 더 많이 투입됩니다. 기업은 노동조합이 버티고 있는 정규직보다 비정규직에 위험한 일을 넘기는 것이 만일의 사태에 대비해서 훨씬 편리하죠.

여기에 비정규직은 정규직에 비해 불안정한 고용상태이다 보니 부당한 요구에도 제대로 시정하기 힘든 실정도 있습니다. 가령 2018년 한국서부발전의 태안 화력발전소에서 당시 24살의 김용균 씨가 새벽에 연료를 공급하는 컨베이어 벨트에 끼여 사망한 사건이 있었습니다. 원래는 2인 1조로 일을 해야 했는데 김용균 씨 혼자 일을 하고 있었기 때문에 사고가 났을 때 컨베이어 벨트를 멈출 수가 없었던 것이 가장 큰 이유였습니다. 하지만 더 근본적인 원인은 김용균 씨가 비정규직이었다는 것이지요. 그래서 2인 1조로 해야 할 일임에도 이를 요구하기 힘들었습니다. 더구나 한국서부발전의 경우 발전소 직원이 숨지면 -1.5점, 하청직원이 숨지면 -1점, 김용균 씨의 경우처럼 발전시설 건설 노동자(비정규직)가 숨지면 -0.2점을 깎는 식으로 부서별 평가를 한 것으로 밝혀졌습니다. 위험한 일은 하청에 비정규직에 미루고, 사고가 났을 때 책임은 가장 가볍게 만든 것이죠.

왜 보이지 않을까

어슐러 르 귄이란 미국 작가가 쓴 단편「오멜라스를 떠나는 사람들」이 있습니다.* 오멜라스라는 가상의 도시는 모든 시민이 행복하게 살고 있습니다. 그런데 그 행복을 유지하는 조건이 있습니다. 도시 어딘가의 지하에 있는 한 아이입니다. 아이는 지하실에 갇혀 어디도 나가지 못하면서 고통을 받고 있죠. 이 아이의 고통이

---

* 시공사에서 발간한 『바람의 열두 방향』이란 어슐러 르 귄 단편집에 실려 있습니다.

도시 번영의 대가이고, 누구라도 이 아이를 도와줄 경우 오멜라스가 누리는 행복은 사라지게 됩니다. 도시에 사는 이들은 모두 그 사실을 압니다. 하지만 누구도 그 아이를 구하려 들지는 않습니다. 모두들 더 열심히 일하고, 더 열심히 살아가고, 이웃에 더 많은 도움을 주지만, 이 아이만큼은 외면합니다. 없는 셈 치죠. 아주 소수는 오멜라스를 떠나고 다신 돌아오지 않지만, 떠나는 이들조차 아이를 만나려 들진 않습니다.

읽은 지 거의 20년이 지났지만 저는 여전히 이 소설에서 빠져나오질 못하고 있습니다. 그리고 반문하곤 하죠. 우리는, 사회는 소수자를 보려 하지 않는 것이 아닐까? 30만 명이 넘는 이들이 제대로 된 주택에 살지 못하지만, 고시원을, 쪽방을, 낡은 여인숙을 찾아가 그들을 확인하지 않으면 우리 눈에 그들은 보이지 않습니다. 거동이 불편한 장애인은, 심한 발달 장애인은, 심한 지적 장애인은 웬만해선 집 밖을 나서지 못합니다. 시각 장애인도 마찬가지죠. 우리가 그들의 삶을 찾지 않으면 보질 못합니다. 매년 2000명이 넘는 사람들이 산업재해로 사망하고, 그 몇 배의 사람들이 영구적인 손상을 입고 장애인이 됩니다. 이 또한 통계자료를 찾고, 그 공장을, 그 건설 현장을 찾지 않는 한 보이지 않습니다.

아주 가끔씩 뉴스를 통해 이런 사실을 접하지만, 아주 잠시 마음이 아프곤 잊어버립니다. 개인만의 문제는 아니죠. 아주 특별한 일이 발생하지 않으면, 이웃에 대한 사랑이 왠지 모르게 샘솟는 명절이 아니면 언론도 별 관심이 없습니다. 사회는 다수를 위해 존재하는 듯하고, 다수가 아닌 소수에 대해선 눈을 감는 듯합니다. 그래서 우린 그런 사람들이 있다는 막연한 사실은 알지만 그들이 실제 어떤 삶을 살고 있는지는 모른 채 살지요.

여기서 이야기한 집이 없는 사람들, 장애인들, 산업재해 사망자들 외에 여러분이 생각하는 보이지 않는 사람들에는 또 누가 있을까요? 그들을 보려면 우린 어떻게 해야 할까요?

6

기후 위기의
불평등

"지구가 뜨거워집니다. 빙하가 녹고, 북극곰이 살 곳을 잃고 있어요." 환경보호 캠페인에서 자주 듣는 말이지요. 맞는 이야기입니다. 하지만 여기서 빠진 중요한 사실이 하나 있습니다. 북극곰이 사라지는 것도 안타까운 일이지만, 기후 위기로 인해 고통받고 죽어가는 건 사람입니다. 그것도 주로 가난한 사람들이죠.

전 세계 150개가 넘는 나라들이 있지만 그중 기후 위기 책임의 90% 정도는 잘사는 나라인 미국, 중국, 인도, 영국, 프랑스, 독일, 이탈리아, 스페인, 캐나다, 일본, 한국, 사우디아라비아, 러시아 등 10여 개국이 지고 있습니다. 여러분이 여름휴가로 제주도에 간다고 생각해 보세요. 집에서 김포공항까지 버스를 타고, 제주도까지 비행기를 타고, 제주도에서 렌터카를 빌려 이곳저곳 다니며 맛있는 음식도 먹고 호텔에서 자고 옵니다. 이 과정에서 여러분

한 사람이 내뿜는 이산화탄소는 아프리카 말리나 차드의 가난한 사람이 1년 동안 배출하는 양과 비슷합니다.

하지만 기후 위기로 인한 가뭄과 홍수, 태풍의 피해는 제주도 여행을 다녀올 여유가 있는 우리가 아니라 저 아프리카 사람들에게 집중됩니다. 아프리카 사헬지대에는 30년째 가뭄이 계속되고 있어요. 비가 오지 않으니 풀도 자라지 않고, 가축도 키울 수 없고, 농사도 지을 수 없습니다. 할아버지 할머니 때부터 살아온 고향을 떠나 도시로 떠돌아다니며 하루벌이라도 찾아야 하는 사람들이 수백만 명에 달합니다. 방글라데시나 베트남의 농민들은 바닷물이 강으로 올라와 논에 염분이 스며들어 더 이상 쌀농사를 지을 수 없게 되었습니다. 가난해서 이사 갈 곳도 마땅치 않으니 그저 버티며 살 뿐입니다.

우리나라에서도 마찬가지입니다. 폭염으로 쓰러지는 사람들은 에어컨이 설치된 사무실에서 일하는 사람들이 아니라 뜨거운 태양 아래서 농사짓고 건설현장에서 일하는 사람들입니다. 홍수로 인한 피해는 반지하에 사는 이들과 비닐하우스나 콘테이너로 만든 가건물에 사는 이들에게 더 큽니다.

이상하지 않나요? 기후 위기를 만든 사람들은 따로 있는데 그 피해는 엉뚱한 사람들이 받고 있습니다. 더 기가 막힌 건 기후 위기를 해결하는 과정에서도 가난한 사람들이 더 큰 피해를 받는다는 사실입니다.

탄소세를 매겨서 환경에 나쁜 제품의 가격을 올린다고 해보죠. 좋은 취지입니다. 하지만 결과적으로는 가난한 사람들이 더 큰 타격을 받습니다. 부자는 물가가 조금 더 올라도 제품을 살 여유가 있지

만, 가난한 사람은 비싸진 제품을 어쩔 수 없이 사야 하거나 아예 포기해야 합니다. 전기자동차가 늘어나면 자동차 부품 공장에서 일하는 노동자들이 일자리를 잃습니다. 이때도 정규직이 아니라 비정규직이 먼저 해고됩니다. 자동차 정비업소가 사라지면 그곳의 노동자들도 일자리를 잃습니다. 석탄 발전소가 폐쇄되면서 그곳에서 일하던 하청업체 노동자들이 거리로 내몰립니다.

기후 위기는 환경의 문제이기도 하지만 동시에 불평등의 문제입니다. 누가 이 위기를 만들었고, 누가 피해를 받으며, 해결 과정에서 소외되는 이들이 누구인지를 보면 우리 사회의 불평등이 적나라하게 드러납니다. 환경을 살리는 것도 중요하지만, 그 과정에서 사람을 소외시킨다면 진정한 해결책이 될 수 없겠지요. 이것이 '기후 정의'가 필요한 이유입니다.

기후 위기는
누구의 책임일까?

　기후 위기는 인류 모두의 책임이라는 말을 흔히 듣습니다. 그런 말을 들으면 왠지 미안함이 들지요. 하지만 사실은 거짓말입니다. 기후 위기는 인류 모두의 책임이 아니라 소수의 책임입니다. 이산화탄소나 메탄 등의 온실가스가 기후 위기의 원인이라는 사실은 모두 알고 있지요. 그런데 온실가스 배출량 중 약 80%는 15개 나라 정도가 내놓은 것입니다. 미국, 프랑스, 독일, 영국, 스페인, 이탈리아, 오스트레일리아, 여기까지는 서양의 선진국들이죠. 그 다음 일본과 한국 역시 선진국입니다.

그리고 사우디아라비아, 러시아, 이란, 이라크 등 산유국과 마지막으로 중국이 있습니다. 전 세계 200여 개 국가 중 나머지 180여 개의 나라는 별 책임이 없는 거지요.

1인당 배출량으로 봐도 마찬가지입니다. 카타르, 쿠웨이트, 아랍에미리트 같은 산유국과 오스트레일리아, 캐나다, 미국, 룩셈부르크 등의 선진국들이 상위권을 유지하고 있습니다. 1인당 1년 배출량이 대부분 10톤~20톤 정도 됩니다. 반면 짐바브웨, 잠비아, 우간다, 탄자니아 같은 저개발국은 2톤이 채 되질 않죠. 간단한 예를 들면 우리나라에서 미국으로 비행기를 타고 갔다오면서 배출하는 온실가스가 아프리카의 가난한 사람들이 평생 배출하는 양과 비슷합니다. 그러니 아프리카나 중남미, 중앙아시아의 가난한 나라에게 온실가스 배출에 대해 책임을 물을 순 없습니다.

기후 위기는 또한 소득이 높은 사람들의 책임이기도 합니다. 전 세계 소득 상위 10%는 전체 온실가스 배출의 50%에 가까운 책임이 있습니다. 반면 소득 하위 50%는 다 합해야 10%의 책임이 있을 뿐입니다. 우리나라도 마찬가지여서 소득 상위 10%가 50% 가까운 책임이 있고 하위 50%는 별 책임이 없습니다. 자가용이 없어서 항상 대중교통만 이용하고, 원룸이나 방 두 개짜리 집에 살고 여름에 아무리 더워도 에어컨을 잘 틀지 않는 사람들과 방 4개 정도 되는 넓은 아파트에서 살고 엄마와 아빠 모두 자가용으로 움직이며, 1년에 두 번 정도는 비행기를 타고 해외로 나가는 사람들이 내놓는 온실가스는 차이가 있을 수밖에 없습니다. 물론 부자들이 일부러 온실가스를 내놓으려고 그런 것은 아니지만 편안하고 쾌적한 삶은 어쩔 수 없이 온실가스를 더 많이 배출하는 결과를 낳습니다.

2022년 우리나라 온실가스 배출량은 1인당 약 14톤 정도입니다. 정부는 2030년까지 이를 절반 정도로 줄이는 것이 목표입니다. 대략 7톤 정도 되지요. 하지만 우리나라 소득 하위 30%는 이미 1인당 온실가스 배출량이 6.5톤 정도라서 이 목표를 달성하고도 남았지요. 결국 줄여야 하는 건 고소득자들입니다. 세계로 눈을 돌리면 가장 가난한 10억 명은 1년에 1톤 정도의 온실가스밖에 내놓지 않습니다. 거의 숨 쉴 때 나오는 이산화탄소 말고는 따로 내놓는 것이 없는 거지요.

이들은 어떻게 이렇게 적은 온실가스만 내놓을까요? 이들은 일단 집에 전기가 들어오지 않거나 들어와도 집에 전기제품이 거의 없습니다. 다큐에서 자주 보죠. 전등 한두 개, 라디오나 브라운관 TV 정도가 다입니다. 수도시설도 없어 주변 하천이나 우물에서 물을 길어옵니다. 대부분 농사를 지으며 자급자족에 가까운 생활을 합니다. 옷은 평상시 입는 한두 벌을 제외하면 거의 없죠. 차를 타는 일도 기껏해야 일주일에 한 번 정도이고 대부분 걸어 다닙니다. 마을 단위로 전화가 있고 휴대폰도 거의 없습니다. 취사는 가축의 대변이나 주변 잡목과 풀로 해결합니다. 냉장고도 세탁기도 에어컨도 전자레인지도 없습니다.

이미 현대 자본주의의 혜택을 잔뜩 받고 있는 우리가 다시 이런 생활로 돌아갈 수 있을까요? 아니 개인은 돌아갈 수 있다고 하더라도 사회 전체가 이렇게 회귀할 수 있을까요? 마치 영화에 나오는 포스트 아포칼립스, 인류 멸망 이후의 삶이라면 모를까 불가능한 일입니다. 결국 우리가 누리는 이 혜택 중 많은 것을 포기한다고 하더라도 현재의 삶을 유지하는 가운데 이산화탄소 배출을 줄이는 방법을 채택할 수밖에 없습니다.

피해는
가난한 사람들에게

그런데 피해는 정작 가난한 사람들에게 집중되고 있는 것이 기후 위기의 또 다른 불평등입니다. 흔히들 기후 위기라면 떠오르는 것이 해수면 상승이죠. 해수면 상승하면 또 떠오르는 것은 투발루나 몰디브 등 섬나라가 가라앉는다는 뉴스입니다. 물론 섬나라의 문제도 심각합니다만 해수면 상승의 가장 심각한 피해는 역시 가난한 사람들의 몫입니다.

사회나 지리 시간에 큰 강이 바다와 만나는 곳에 삼

각주가 형성된다고 배웁니다. 상류에서 내려오는 풍부한 무기염류로 영양분이 풍부한 땅이기에 대부분 곡물을 재배하죠. 우리나라의 경우도 김해평야나 김포평야 등 곡창 지대입니다. 세계로 눈을 돌려보면 중국의 양쯔강 삼각주나 베트남의 메콩강 삼각주, 방글라데시의 갠지스강 삼각주, 이집트의 나일강 삼각주 등은 그 나라의 가장 중요한 곡창 지대가 됩니다.

그런데 해수면이 상승하게 되면 바닷물이 이 삼각주로 흘러 들어오는 현상이 발생합니다. 삼각주를 흐르는 강물에 염분이 높아지죠. 이렇게 되면 농사를 지을 수 없습니다. 벌써 나일강 삼각주나 메콩강 삼각주의 경우 강물의 염분 농도가 이전보다 높아지고 있다는 연구 결과가 나오고 있습니다. 또 베트남 삼각주의 농부들 중 일부가 농사를 포기하고 새우 양식을 한다는 뉴스도 나왔죠.

이런 곳의 농민들은 대부분 가족들끼리 그리 넓지

않은 농지에서 농사를 짓는 소농들입니다. 1년 농사지어 1년 먹고사는 거죠. 이런 이들이 농사를 짓지 못하게 되면 소득을 올릴 방법이 없습니다. 물론 새우 양식장 등에 취직할 수도 있지만 모든 농민이 그렇게 할 순 없지요. 결국 이들은 주변의 도시로 일거리를 찾아 떠날 수밖에 없습니다. 그렇다고 도시가 이들을 위한 일자리를 준비하고 있는 건 아닙니다. 결국 이들은 주변 도시에서 도시빈민이 되어 살아갈 수밖에 없습니다. 어른들은 매일 어딘가 있을지도 모르는 일자리를 찾아다녀야 하고, 아이들도 학교에 다니는 대신 아르바이트 자리를 구하러 다닐 수도 있습니다.

문제는 여기서 끝이 아닙니다. 갠지스강 삼각주나 메콩강 삼각주, 양쯔강 삼각주 등은 전 세계적으로 중요한 쌀 생산지입니다. 이곳의 쌀 생산량이 줄어들면 쌀값이 오를 수밖에 없지요. 2022년 러시아가 우크라이나를 침략했을 때 우크라이나 사람들 다음으로 큰 피해를 본 사람들은 수단이나 에티오피아 같은 북아프리카 사람들이었습니다. 우크라이나와 러시아의 전쟁으로 밀 수확이 줄어들자 밀가루 가격이 폭등했기 때문이죠. 부자 나라들은 비싸도 밀가루를 살 수 있었지만 가난한 나라는 돈이 없어 수입할 수 없었죠. 그 결과 수많은 사람들이 굶주림에 시달릴 수밖에 없었습니다. 마찬가지로 삼각주의 쌀 생산량이 줄어들면 쌀값이 뛸 수밖에 없습니다.

우리나라 사람들은 여유가 있습니다. 가령 한 달에 한 300만 원 정도의 생활비를 쓰는 집에서 쌀값으로 3만 원 정도를 쓴다고 생각해 보죠. 쌀값이 6만 원으로 두 배가 뛴다고 해도 구입할 여유가 있습니다. 3만 원 정도면 둘이 식당에서 밥 한 번 사 먹는 정도 비용이니까요. 하지만 가난한 나라에서는 한 달에 10만 원, 20만 원으로 사는 이들이 많습니다. 이들에게 쌀값이 3만 원이나 오른다는 건 생활에 큰 위협이 되죠. 아이를 학교에 보낼 돈이 부족할 수도 있고, 빚을 져야 할 수도 있습니다. 해수면 상승의 가장 큰 피해는 이렇게 가난한 나라의 가난한 사람들에게 돌아갑니다.

또 하나, 아프리카라면 가장 먼저 떠오르는 것이 사하라사막이죠. 그 사막 아래쪽에는 사헬지대라는 건조 지역이 있습니다. 건조 지역이지만 풀도 자라고 우기가 되면 비도 와서 소나 양을 치기도 하고 농사를 짓기도 하면서 사람들이 살아가는 곳이죠. 다큐멘터리에 나오는 코끼리와 기린이 사는 초원 지대라고 생각하면 얼추 맞습니다. 그런데 이 사헬지대에 30년째 가뭄이 들고 있습니다. 비가 오질 않죠. 한두 해라면 우연이라고 하겠지만 이렇게 장기간 비가 오지 않는 건 기후 위기가 원인입니다.

이렇게 가뭄이 계속되면서 초원 지대의 풀이 말라버리고 사막이 되는 곳이 늘어납니다. 더 이상 가축을 키울 수도 없고 농사를 지을 수도 없죠. 한두 해면 버티겠지만 무려 30년입니다. 결국 이곳에 살던 이들도 물이 있고, 농사를 짓거나 하루벌이 일이라도 있는 곳으로 떠나고 있습니다. 이렇게 난민이 대량으로 발생하니 주변 지역도 힘듭니다. 도시는 사람으로 넘쳐나는데 일은 없으니 굶어 죽는 사람도 있고, 제대로 된 집이 없으니 위생 상태도 엉망이 되고 범죄도 잦아집니다.

우리나라에서도 이런 피해의 불평등이 조금씩 나타나고 있습니다. 여름에 폭염과 열대야가 이어지는 날이 늘어나면서 온열 질환자(흔히 더위 먹었다고 이야기하는)들도 같이 늘어납니다. 그런데 온열 질환자들의 대부분이 저소득층입니다.

온열 질환이 발생하는 곳은 크게 두 군데입니다. 하나는 자기가 사는 집이고 다른 하나는 일터입니다. 집에서 왜 온열 질환이 일어날까요? 먼저 집에 에어컨이 없거나 있어도 전기요금이 부담스러워 잘 틀지 않기 때문입니다. 거기다 저소득층이 사는 집은 오래된 곳이 많습니다. 이런 집은 단열이 잘 되질 않습니다. 바깥 온도가 높아지면 따라서 온도가 올라가는 거죠.

일터 중에서 주로 온열 질환자가 발생하는 곳은 먼저 논과 밭입니다. 비가 올 때 일할 순 없으니 더워도 맑은 날에 일하다가 쓰러지는 거죠. 다음은 건설 현장입니다. 마찬가지로 비가 오면 일을 할 수 없으니 더워도 맑은 날 일을 하다가 쓰러집니다. 농민들과 비정규직 건설 노동자가 온열 질환의 가장 큰 피해자가 됩니다. 이러니 기후 위기의 피해는 대부분 가난한 이들에게 집중된다고 말하지 않을 수 없습니다.

기후 위기
극복 과정의 불평등

그런데 기후 위기를 극복하는 과정에서도 불평등이 나타난다는 점이 또 하나의 고민입니다. 대표적인 것이 탄소세와 탄소국경세입니다. 탄소세는 온실가스를 배출하는 제품에 붙는 세금입니다. 간단하게 생각하면 부가가치세 같은 거죠. 휘발유, 숯, 소고기나 돼지고기, 철강, 플라스틱이나 의류 등 온갖 제품들에 붙게 됩니다. 반대로 같은 제품이라도 만드는 과정에서 온실가스를 적게 배출하면 세금이 줄어들어 그만큼 판매에 유리해집니다. 이를 통해 제품을 만드는 기업에 탄소 배출을 줄이도록 유도하는 것이죠.

하지만 만약 우리나라에서 만드는 제품은 온실가스를 줄이기 위해 제조 과정에서 더 많은 비용이 드는데 중국이나 일본에서는 탄소세 제도가 없어서 온실가스를 배출하면서 값싸게 제품을 만든다면 이건 문제가 되겠죠. 그래서 유럽연합을 중심으로 새로 만드는 제도가 탄소국경세입니다. 다른 나라에서 생산한 제품을 수입할 때, 탄소 배출량을 따져 관세를 물리는 제도입니다. 이를 통해 한 나라가 아니라 전 세계 모든 기업이 탄소 배출을 보다 적극적으로 줄이도록 유도하려는 것이죠.

그런데 이 제도에도 문제가 없는 것은 아닙니다. 탄소세와 탄소국경세의 필연적 결과는 가난한 이들이 더 큰 부담을 지게 되는 것입니다. 이렇게 제품을 판매할 때 누가 사는가에 대한 고려 없이 일괄적으로 붙이는 세금을 역진세라고 합니다. 가난한 사람이나 부자나 동일하게 무는 세금이지요. 탄소세가 붙으면 기업 입장에서는 당연히 상품 가격을 그만큼 올릴 수밖에 없습니다. 만약 탄소세로 인해 물가가 10% 올랐다고 칩시다. 월 200만 원을 벌어 생활비로 160만 원을 쓰고 40만 원을 저축하는 이는 생활비로 176만 원을 써야 하고, 저축은 24만 원으로 줄어듭니다. 하지만 월 1,000만 원을 벌어 생활비로 500만 원을 쓰고 500만 원을 저축하는 사람은 생활비가 550만 원이 되고 저축은 450만 원이 될 뿐입니다. 더 많이 소비하는 부자가 더 많은 비용을 부담하는 듯이 보이지만 그렇지 않습니다.

가난한 사람의 160만 원은 절약할 부분이 거의 없는 필수적인 지출입니다. 176만 원이 된다고 아낄 수가 없다는 거죠. 따라서 저축은 줄어들 수밖에 없습니다. 하지만 부자의 500만 원은 줄일 수 있는 부분입니다. 하다 못해 옷 한 벌 덜 사고 외식 한두 번만 덜 하고 조금 덜 비싼 와인을 마시면 되는 일입니다. 물론 부자라고 힘들지 않는 건 아니지만 충분히 감내할 만한 수준이죠.

그런데 물가가 오르는 것은 단순히 탄소세 때문만이

아닙니다. 우리가 쓰는 전기요금도 오르게 될 것이고, 가스요금도 오르게 됩니다. 그러면 자연히 전기를 사용해 물건을 만드는 기업은 또 그만큼 가격을 올릴 수밖에 없지요. 이렇게 탄소세 때문에, 전기요금이나 가스요금 때문에 물가가 오르면 그만큼 가난한 사람들이 더 큰 피해를 보게 됩니다.

또 하나 생각해 볼 것이 있습니다. 기후 위기를 극복하기 위해서는 화석연료 사용을 줄여야 합니다. 그래서 요사이 새로 자동차를 장만할 때 전기자동차를 선택하는 사람들이 늘어나고 있습니다. 좋은 일이지요. 그런데 전기자동차는 기존 자동차에 비해 필요한 부품이 약 3분의 1밖에 안 됩니다. 엔진도, 변속기도, 냉각 장치도, 배기 장치도 필요가 없지요. 그러면 이런 자동차 부품을 생산하는 기업은 어떻게 될까요? 물론 다른 제품을 생산하기 위해 지금도 준비를 하고 있고 다양한 시도를 하고 있습니다만 어려움에 처하겠지요. 그러면 당장 필요 없는 노동자를 먼저 해고합니다. 이 때 누구를 먼저 해고할까요? 앞서 살펴본 것처럼 정규직이 아니라 비정규직이 먼저 그만두게 됩니다.

전기자동차로 바뀌면 부품수가 줄어드는 자동차 정비소를 갈 일도 줄어듭니다. 연구에 따르면 대략 3분의 1정도로 줄어든다더군요. 그러면 자동차 정비소에서 일하는 노동자들도 일자리를 잃습니다. 이 때도 규모가 큰 회사가 아니라 작은 정비소가 더 큰 타격을 입을 것이고, 이런 작은 정비소에서 비교적 낮은 임금을 받으며 일하던 이들이 먼저 해고당하겠지요.

그리고 화석연료 사용을 줄이기 위해 석탄 발전소도 점차 문을 닫게 됩니다. 그러면 석탄 발전소에서 일하던 노동자들은 어떻게 될까요? 역시 마찬가지로 정규직은 다른 천연가스 발전소로 전환이 되지만 비정규직은 그냥 일자리를 잃게 됩니다. 기후 위기를 극복하는 과정에서 많은 일자리가 사라집니다. 그런데 그중에서도 특히 비정규직, 그리고 작은 공장의 노동자들이 먼저 타격을 입게 됩니다.

기후
정의

기후 위기의 원인에서도 그 피해에서도 극복 과정에서도 불평등이 나타난다는 사실을 알게 된 사람들은 이 문제를 어떻게 해결해야 하는지에 대해 고민하고 있습니다. 그 중심에 선 주제가 '기후 정의'입니다. 우리나라에서도 2~3년 전부터 기후 정의라는 말이 조금씩 널리 쓰이고 있지요.

기후 정의란 기후 위기를 해결하는 과정이 오히려 불평등을 더 심화시킬 수 있다는 점을 인정하는 것에서 시작합니다. 비정규직은 일자리를 잃게 되고, 저소득층은 물가 상승 속에서 생활고를 겪게 됩니다. 노인과 장애인 등 사회적 소수자는 기후 위기에 의한 피해를 집중적으로 받게 될 것이고, 가난한 나라와 부자 나라의 간극은 점점 더 벌어지게 됩니다.

이런 문제를 해결하기 위해서는 정부가 주도적으로 나서서 사회 안전망을 구축하고 대기업과 고소득층에게 더 많은 세금을 거두어야 할 것이며, 부자 나라가 가난한 나라에 대한 보상에 나서야 합니다. 하지만 시민들이 가만히 있는데 정부가 먼저 나서서 이런 일을 하진 않을 것이기 때문에 시민들이 정부와 대기업에 기후 정의를 요구해야 하는 것이지요.

그렇다면 기후 정의 실현을 위해 어떤 정책들이 필요할까요? 우선 기후 위기로 인해 가난한 이들, 장애인과 노인, 아동과 청소년이 누리는 삶의 질이 떨어지지 않도록 주거, 교통, 교육, 의료 등의 기본권이 확보되어야 합니다. 또한 일자리를 잃은 사람들과 그 가족들이 안전한 삶을 누릴 수 있도록 직업 전환 및 일자리 나누기, 노동시간 단축 등의 대책도 세워야겠지요.

여러분이 생각하는 가장 시급한 대책은 무엇인가요?

닫는 글

우리나라는 20세기 초 일제 강점기를 지났고, 20세기 중반에는 세계에서 가장 가난한 나라였고, 20세기 후반에는 개발도상국이었습니다. 선진국이라고 우리들이나 외국 사람들이 인정하기 시작한 것은 2010년 무렵이니 우리나라 역사로 보면 아직은 얼마 되지 않은 기간입니다. 저는 아직 선진국이 아닌 대한민국에서 살았던 시간이 선진국 대한민국에서 산 기간보다 좀 더 길지요. 하지만 여러분의 경우는 거의 전 생애를 선진국 대한민국에서 살고 있는 셈입니다.

책에서 보여드린 것처럼 우리나라는 선진국이면서 동시에 여러 가지 불평등을 가지고 있습니다. 여러 가지 이유가 있을 겁니다. 우리나라가 압축성장을 했다는 것도 중요한 이유 중 하나입니다. 다른 나라는 선진국이 되기까지 최소한 100년 이상의 과정을 거쳤지만, 우린 단 60여 년의 짧은 시간 동안 세계에서 가장 가난한 나라에서 선진국이 되었습니다. 그리고 그 과정에서 불평등을 해소하는 데 눈을 돌리기보다는 성장하는 데 온힘을 썼지요.

이런 과정에 대해선 긍정적인 시각과 부정적인 시각이 공존합니다. 어쩔 수 없는 선택이었다는 주장도 있고, 반대로 조금 천천히 성장하더라도 다 같이 행복한 사회를 만드는 것이 우선이었다고 이야기하기도 합니다. 이런 사정은 지금도 마찬가지입니다. 다른 나라와의 경쟁이 냉정하고 치열하게 벌어지는 현실에서 어떻게든 국력을 키우는 것이 우선이라는 사람도 있고, 이제라도 불평등을 해소하는 것이 중요하다는 사람도 있습니다.

중요한 점은 선진국이 되는 과정에서 불평등이 더 심화되었다는 것입니다. 그리고 가난한 사람들과 부자들 사이의 불평등이 더 커진 몇 가지 계기가 있었습니다. 먼저는 1998년 외환위기와 이를 극복하는 과정입니다. 두 번째는 2005년 카드대란 사태이고, 세 번째는 2008년 세계 금융위기 때입니다. 그리고 여러분이 겪은 코로나19 사태가 네 번째입니다. 모두 일종의 경제적 위기였습니다. 코로나19 자체는 경제적 위기가 아니었지만, 이로 인한 여파로 우리나라 경제는 10여 년 만에 마이너스 성장을 기록할 정도로 위기를 겪었지요.

흔히 '위기는 기회'라고 하지만 이는 부자의 몫입니다. 위기를 버티고 기회로 바꾸기 위해선 그만한 재정적 여유가 있어야 하기 때문이죠. 모든 부자가 이런 위기에서 돈을 벌진 않지만 더 많은 돈을 벌 수 있는 건 그리고 벌진 못해도 버텨낼 수 있는 건 대부분 부자입니다. 반면 경제적 위기가 닥치면 우선 가난한 사람들이 위험해집니다. 위기를 버틸 소득이나 자산이 부족하기 때문이지요.

이런 위기는 코로나19처럼 전체 국민이 대부분 겪기도 하지만 개별적으로 찾아오기도 합니다. 가족 중 누군가 심각한 병에 걸렸을 때, 또는 사고를 당했을 때, 아버지가 정리해고를 당할 때 등등 사연은 다양하지만 살아가면서 확률적으로 누군가는 위기를 겪습니다. 이때 또한 가난한 사람들은 이를 버텨낼 방법이 별로 없죠. 가령 가족 중 누군가가 큰 병에 걸려 입원하고 병원비 등으로 한 2천만 원 정도의 돈이 필요한 경우 가난한 사람들은 전세 보증금이라도 빼서 그 감당을 할 수밖에요. 하지만 전세 보증금을 뺏으니 이제 월세를 살아야겠죠. 매달 월세가 나가니 더 가난해집니다. 이렇게 하나의 불행이 하나로 끝나지 않고 다른 불행으로 이어지는 것이 가난한 사람들의 불행이지요.

그래서 사회적 안전망이 중요합니다. 누구일지는 모르지만 누군가에겐 분명히 닥칠 불행한 사건이 가족 전체를 위기로 몰아넣을 때 이를 극복하고 다시 정상적인 삶으로 돌아갈 수 있도록 뒷받침을 해주는 것이 국가가 또 사회가 해야 할 중요한 역할이지요. 그리고 이는 다양한 사회적 안전망을 구축하는 것으로부터 시작해야 합니다. 방금 든 예처럼 가족의 병으로 큰 돈이 들 때, 소득이 적은 사람들을 위한 의료 안전망이 있다면 불행은 병으로만 끝날 겁니다.

이 책에서는 그런 사회적 안전망으로 무엇이 필요한지에 대해선 별로 이야기하지 않았습니다. 이 책을 읽은 여러분이 직접 어떤 안전망이 필요한가를 생각하고 찾아보고 토론해 주길 바랍니다.

감사합니다.

참고 도서

구정화, 『청소년을 위한 사회문화 에세이』, 해냄, 2014

구정화, 『통계 모르고 뉴스 볼 수 있어?』, 다른, 2022

김도현 외, 『잠깐, 이게 다 인권 문제라고요?』, 휴머니스트, 2021

김동희, 서재민, 『일하는 삶이 궁금한 너에게』, 휴머니스트, 2021

박경태, 『인권과 소수자 이야기』, 책세상, 2007

박민영, 『그러니까 이게, 사회라고요?』, 북트리거, 2017

박재용, 『불평등한 선진국』, 북루덴스, 2022

박재용, 『지속가능한 세상을 위한 통계이야기』, 이상북스, 2022

은유, 『있지만 없는 아이들』, 창비, 2021

이경덕, 『아직도 마녀가 있다고?』, 사계절, 2016

이란주, 『이주노동자를 묻는 십대에게』, 서해문집, 2021

이철수, 배경내 외, 『나는 무슨 일 하며 살아야 할까?』, 철수와영희, 2011

정수임, 『젠더 쫌 아는 10대』, 풀빛, 2022

차남호, 『10대와 통하는 노동 인권 이야기』, 철수와영희, 2013

최우리 외, 『인권으로 살펴본 기후 위기 이야기』, 철수와영희, 2023

하영식, 『난민, 멈추기 위해 떠나는 사람들』, 뜨인돌, 2021

하정우, 『공정함 쫌 아는 10대』, 풀빛, 2022

한인정, 『어딘가에는 싸우는 이주여성이 있다』, 포도밭출판사, 2022

평평한 운동장은 없다

초판 1쇄 발행 2025년 10월 28일

지은이 박재용
펴낸이 서재필

펴낸곳 마인드빌딩
출판등록 2018년 1월 11일 제 2024-000136호
이메일 mindbuilders@naver.com

ISBN 979-11-994075-7-2 (43300)

마인드빌딩에서는 여러분의 투고 원고를 기다리고 있습니다.
출판하고 싶은 원고가 있는 분은 mindbuilders@naver.com으로
기획 의도와 간단한 개요를 연락처와 함께 보내주시기 바랍니다.